W0067586

COLLECTION
ROLF HEYNE

ANWER BATI'S
ZIGARREN-
BREVIER

ANWER BATI'S
ZIGARREN-BREVIER

Von der Liebe zur Zigarre
Geschichte und Geschichten
Marken und ihre Formate

WILHELM HEYNE VERLAG
MÜNCHEN

Titel der Originalausgabe: *The Complete Cigar Book*
Ins Deutsche übertragen von Gesine Osthold
Die Originalausgabe erschien im Verlag Duncan Petersen
Publishing Limited, London

Bildnachweis

Agio Sigarenfabrieken N.V.; Bettmann/Corbis;
Christine Osborne: MEP; Christie's Images Ltd 1999;
Churchill Inter-Continental London; Corbis; Dave Armstrong;
Davidoff International; Davidoff of London;
Dominican Republic Tourist Board; FMG Communications;
Harrods Ltd; Harry Smith Collection;
Historical Picture Archive/Corbis;
Hulton-Deutsch Collection/Corbis; Hunters and Frankau;
Image Select International Limited;
John Wyand; Kurt Krieger/Corbis; Monte's and Havana Club;
Quintet Publishing Ltd; Roger Ressmeyer/Corbis; Scantours Ltd;
Spanish National Tourist Office

Danksagung

Mein besonderer Dank gilt: Edward Sahakian, James Leavey,
Jean Clarke, Maria Stewart, Marie Stewart

Umschlaggestaltung: Hauptmann und Kampa Werbeagentur, CH-Zug
Redaktionelle Leitung: Andrew Duncan
Assistenz: Nicola Davies
Schlussredaktion: Mark Adcock
Art Director: Beverly Stuart
Herstellung: Karlheinz Rau
Kartographie: Chris Foley
Satz: SatzTeam Berger, Ellenberg
Druck: Delo-Tiskarna

Printed in Slovenia

ISBN 3-453-14421-X

Vorwort

IM JAHRE 1992 besuchte ich zum ersten Mal Kuba. Nach meiner Rückkehr schrieb ich einen Artikel für die *Times*, der im Wesentlichen von
Havanna-Zigarren handelte. Wenige britische Journalisten hatten zu
diesem Zeitpunkt über Zigarren geschrieben, und so führte der Artikel
dazu, dass mich ein Verleger ansprach. Heraus kam das Buch *Zigarren –
Der Guide für Kenner und Genießer*, das 1993 veröffentlicht wurde, viele
Auflagen erreichte und bisher mehrere hunderttausend Mal in aller
Welt verkauft worden ist. Niemand war mehr vom Erfolg des Bandes
überrascht als ich selbst, doch offensichtlich spiegelte und förderte der
erfolgreiche Verkauf das enorme Interesse an Zigarren, das zur Zeit der
Veröffentlichung einsetzte.

Warum, so mögen Sie fragen, habe ich nun *Das Zigarren-Brevier* geschrieben? Schon der Titel verrät die Antwort. Der frühere Band konnte
lediglich viele Einzelaspekte des Themas umreißen, und so besteht nach
wie vor ein großer Bedarf an Information und Anleitung. Dieses Mal
hatte ich die Absicht, so viele Informationen über Zigarren in einem
kleinen Band zusammenzufassen wie möglich. Mehr als die umfassenden
Fakten, Meinungen und Tipps, die sich zwischen diesen Buchdeckeln
verbergen, kann sich (meiner Meinung nach) wohl kaum ein Zigarrenliebhaber wünschen. Darüber hinaus gibt es einen wichtigen historischen Abschnitt und ein »Who is Who« voller interessanter Anekdoten
über berühmte Raucher. Auch ein Bummel durch Havannas berühmteste Bars fehlt nicht. Schließlich breitet sich vor Ihnen fast das gesamte
verfügbare Expertenwissen über Zigarren aus. *Das Zigarren-Brevier* sollte
also alle Fragen aus dem Reich der Zigarre beantworten können und
daher ein regelmäßiger Begleiter des Zigarrenfreundes sein.

Wie bei meinen früheren Büchern ist mein Anliegen auch hier wieder,
Ihre Freude, Wertschätzung und Kenntnisse exquisiter Zigarren zu ver-
tiefen. Handgemachte Zigarren erhalten ungleich viel mehr Aufmerksamkeit als die maschinell gefertigten – zu Recht, wie ich meine: Über
maschinell gefertigte Zigarren lässt sich wenig Interessantes sagen, auch
wenn sie mitunter nicht schlecht sein mögen – keinesfalls bleiben sie
unerwähnt. Zögern Sie nicht, mich auf Fehler aufmerksam zu machen
(trotz bester Bemühungen sind Irrtümer bisweilen unvermeidbar).

Genießen Sie das Buch – und Ihre Zigarren.

Anwer Bati

Inhalt

Die Zigarre im historischen Überblick
Seite 9

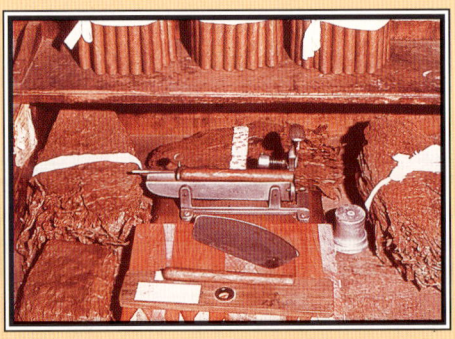

Vom Tabakblatt zum Smoke
Seite 57

Die Welt der Zigarre
Seite 149

TRINIDAD
La Habana, Cuba

Zigarrenfreunde
Seite 219

Gute Adressen
Seite 243

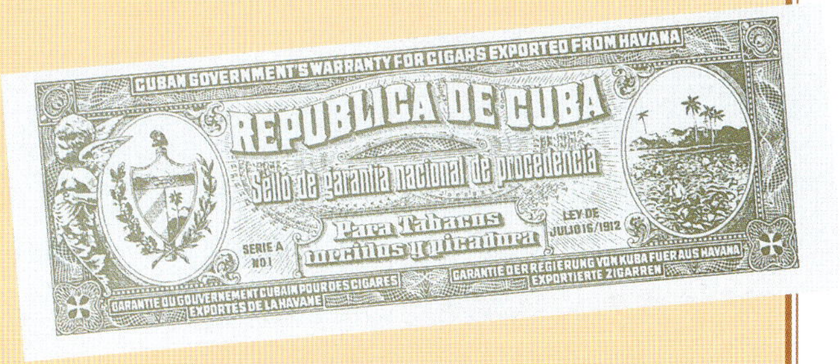

Die Zigarre
im historischen
Überblick

Die Anfänge

Der Nichtraucher Kolumbus erreicht 1492 die Neue Welt.

UM ES GLEICH VORWEG ZU SAGEN: Der genaue Ursprung der Zigarre ist äußerst ungewiss. Es ist weder bekannt, wer die erste Zigarre geraucht hat, noch ist überliefert, wo das geschehen ist. Allgemein verbürgt ist dagegen, dass der erste Tabak auf dem amerikanischen Kontinent angebaut wurde, genauer gesagt in Mittelamerika, und zwar mit hoher Wahrscheinlichkeit auf der Halbinsel Yucatán von den Maya. Eine Tonscherbe aus dem 10. Jahrhundert, die in Guatemala gefunden wurde, zeigt augenscheinlich einen Vertreter dieses Volkes, wie er Tabakblätter raucht, die zu einem Bündel geschnürt sind. Da bereits zu jenem Zeitpunkt die Zivilisation der Maya rund zweitausend Jahre Bestand hatte, ist auf Grund der Abbildung nicht zu schließen, zu welchem Zeitpunkt erstmals Tabak in dieser Form geraucht worden ist. Bekannt wiederum ist, dass die Azteken ihren Tabak in ein hohles Schilfrohr füllten, um ihn dann zu rauchen, und dass andere frühe Einwohner Mittel- und Südamerikas zerstoßenen Tabak konsumierten, den sie zuvor in Gemüseblätter gewickelt hatten. Bleiben noch die Ureinwohner Nordamerikas zu erwähnen: Sie rauchten lange, mit Tabak gefüllte Pfeifen – was einerseits dem Vergnügen galt, andererseits Teil ritueller Handlungen war.

CHRISTOPH KOLUMBUS

Bevor Christoph Kolumbus während seiner historischen Suche nach einem neuen Seeweg mit den Zielen Indien und China 1492 auf den amerikanischen Kontinent stieß, war der Tabak in der Alten Welt unbekannt. Wer dann schließlich das Nachtschattengewächs nach Europa brachte, ist leider nicht verbürgt.

Am 28. Oktober 1492 landete Kolumbus auf Kuba, ohne wirklich zu wissen, wo er sich befand. Glaubt man seinen späteren Aufzeichnungen, so wähnte er sich in China. Zwei seiner Männer, der Matrose Rodrigo de Jerez und der Sprachkundler Luis de Torres, wurden im darauffolgenden November in das Landesinnere geschickt. Bei ihrer Rückkehr wussten sie von Menschen zu berichten, die »Fackeln in der Hand hielten, um den Rauch getrockneter Kräuter einzusaugen, wobei die Kräuter in ein [ebenfalls getrocknetes] Blatt gehüllt waren, das sie ... an einer Seite entfachten, während sie an der anderen Seite zogen und sogen, um ... Rauch einzuatmen, womit sie ihr Fleisch betäuben und wodurch bei ihnen eine rauschähnliche Wirkung entsteht«. Bei den Menschen, welche die beiden angetroffen hatten, handelte es sich um Indianer der Taino, eines Stammes, dessen Vorfahren als die Ureinwohner Kubas gelten, während das rauchende Gebilde im weitläufigsten Sinne mit dem Begriff »Zigarre« beschrieben werden kann. Allgemein bestanden die Vorläufer der Zigarre, wie wir sie heute kennen, aus gezwirbelten Tabakblättern, die in ein Mais-, Palm- oder Bananenblatt eingerollt waren.

Die Indianer schienen den zwei Spaniern glaubhaft versichert zu haben, dass sie durch den Tabakgenuss »niemals Erschöpfung« spürten. Ob es Rodrigo de Jerez auch so erging, ist nicht bekannt. Denn der Matrose in Kolumbus' Diensten war wohl, so darf angenommen werden, der erste Europäer, der jene »Urzigarren« rauchte.

SIK'AR

Es ist nicht mit Bestimmtheit zu sagen, worauf sich das Wort »Tabak« bzw. »Tabaco«, das den Aufzeichnungen zufolge die Taino verwendeten, tatsächlich bezog. Zu diesem Thema gibt es verschiedene Theorien. Demnach könnte zum einen das Blatt gemeint sein (also das Mittel, das den brennenden Rauch freigab), zum anderen auch der Rauch selbst. Andere Theorien wiederum sprechen davon, dass das Blatt *Cohiba* genannt wurde, während sich ein ähnliches Wort (*Cojoba*) auf einen Tabak bezog, der von der Form und Konsistenz her dem heutigen Schnupftabak ähnelte und der durch eine lange Pfeife inhaliert wurde. Das Wort »Zigarre« hingegen – bzw. der spanische Begriff *Cigarro* – geht wahrscheinlich auf das Wort *Sik'ar* zurück, ein Begriff aus der Sprache der Maya für »Rauchen«, wobei *Sik'ar* wiederum in dem Wort *Jiq (Ciq)* seinen Ursprung haben könnte. Letzterer Ausdruck findet sich in dem Text *Popol Vuh*, dem heiligen Buch der Quiché-Indianer, das im 16. Jahrhundert entstand. Ein spanisches Wort ist dagegen der Begriff *Cigaral,* der für »Zikade« steht – und der für manche Sprachwissenschaftler als Ursprung des Wortes »Zigarre« herhalten musste (wobei sich die Experten wohl von der Form des gleichnamigen Insekts leiten ließen). Wie die wahren Ursprünge des Begriffs »Zigarre« auch sein mögen: 1730 taucht das *Cigarro* erstmals in geschriebener Form auf, und 1737 hält es als *Seegar* in englischen Wörterbüchern Einzug.

DER TABAK ERREICHT DIE ALTE WELT

Wir wissen auch nicht genau, wer den Tabak zuerst nach Europa brachte. Kolumbus selbst war es nicht, war doch der gebürtige Genueser von der Sitte des Rauchens nicht sonderlich angetan, wie ein Brief beweist, den er 1494 an das spanische Herrscherpaar schrieb. Den unfreiwilligen Entdecker der Neuen Welt trieb nämlich vor allem eines um: die Gier nach Gold. Seefahrer und Entdecker wie der Florentiner Amerigo Vespucci, der Portugiese Fernão de Magalhães, sein Landsmann Pedro Álvares Cabral, auch ein Mönch namens Ramon Pane – ihnen allen wird das Verdienst zugeschrieben, den Tabak von der Neuen in die Alte Welt gebracht zu haben. Daneben wird dem spanischen Konquistador Hernán Cortés und seinem Landsmann Francisco Hernán Goncalo jene Ehre zugesprochen, während aus portugiesischen Quellen hervorgeht, dass ein gewisser Hernán de Toledo im Jahre 1520 Tabaksamen nach Lissabon brachte.

Oben: *Das Rauchen war zwar schlecht für seine Gesundheit, brachte ihn jedoch nicht um, wohl aber sein Konflikt mit der Monarchie: Auf Geheiß von Jakob I. wurde Sir Walter Raleigh 1618 hingerichtet.* **Links:** *Tabakfeld.*

Da ein großer Teil der Neuen Welt von Europa aus regiert wurde (die erste Kolonie auf Kuba wurde 1511 gegründet), verfielen bald neben spanischen auch Matrosen aus anderen europäischen Ländern dem Laster des Tabakrauchens. Eroberer wie Kolonisten standen ihnen hierin nicht lange nach – und so brachten die nach Europa zurückkehrenden Eroberer Tabak mit und führten die Gewohnheit des Rauchens zunächst in Spanien und Portugal ein.

Tabak, fortan ein Zeichen des Wohlstands, fand bald seinen Weg nach Frankreich. Einige behaupten, der französische Botschafter am Hof von Portugal, Jean Nicot, habe den Tabak im Jahre 1560 mit in seine Heimat gebracht, während andere dem Mönch André Thevet (1556) jene Ehre zuteil werden lassen. In jedem Fall geht der Begriff »Nikotin« ebenso auf Nicot zurück wie der lateinische Ausdruck *Nicotiana tabacum*. Eine ähnliche Unsicherheit in Bezug auf die Person, die dem Heimatland den Tabak bescherte, herrscht im Vereinigten Königreich. Dort ist man mittlerweile nicht mehr einhellig der Meinung, dass es der Seefahrer, Entdecker und Schriftsteller Sir Walter Raleigh war, der den Tabak in Großbritannien einführte. Es ist jedoch verbürgt, dass Letzterer einiges zur Verbreitung des Rauchens im England Elisabeths I. beigetragen hat.

Auch für medizinische Zwecke wurde die Pflanze genutzt, so zum Beispiel von der damaligen Königin von Frankreich. Nachdem Jean Nicot die Regentin mit der Pflanze bekannt gemacht hatte, nahm Katharina von Medici sie in pulverisierter Form gegen ihre Migräne ein. Andere lin-

Kubanische Tabakplantage.

derten damit Hautinfektionen. Zu jener Zeit war der Tabak bekannt als »Kraut der Königin«, und als Nicot damit begonnen hatte, ihn anzubauen, erhielt er auch den Beinamen »Kraut des Botschafters«. Jedenfalls machten die medizinischen Qualitäten des Tabaks, der beispielsweise in Amerika seit Jahrhunderten zum Heilen von Wunden verwendet wurde, bald die Runde.

SYSTEMATISCHER ANBAU

War die Pflanze in der zweiten Hälfte des 16. Jahrhunderts in Europa bald allgemein bekannt, so wurde sie mit Beginn des darauf folgenden Jahrhunderts von Kolonisten in Nord- und Südamerika vereinzelt angebaut. Der systematische Anbau durch europäische Kolonisten begann dann im Jahre 1531, und zwar im Südosten der Insel Hispaniola (der heutigen Dominikanischen Republik) nahe Santo Domingo. Erst einige Jahrzehnte später folgte man diesem Beispiel auf Kuba (1580) und in Brasilien (1600). In Europa begann ein ernst zu nehmender Anbau 1558 – zunächst in Portugal, dann, im darauf folgenden Jahr, in Spanien, 1565 in England und 1620 in Frankreich.

Andererseits gab es aber auch Zeitgenossen, die den Tabak als »Pflanze des Bösen« sahen. Manch heutigem Raucher werden die damaligen Verteufelungen des Tabaks bestimmt sehr vertraut vorkommen. So ordnete beispielsweise im Jahre 1586 König Philip II. von Spanien an, Tabakpflanzer wie -verkäufer auszupeitschen und mit Exil zu drohen sowie die Pflanze »öffentlich als gefährliches und schädigendes Kraut« zu verbrennen, befahl Zar Alexej von Russland 1645 die Deportation von Rauchern nach Sibirien, verurteilte im fernen Persien Schah Abbas I. der Große Tabakraucher zum Tode. Und in einer Bulle von 1624 drohte Papst Urban VIII. allen Rauchern im Allgemeinen und den von Sevilla im Besonderen mit der Exkommunikation, wenn sie nicht aufhörten, in der Kirche zu rauchen. Schließlich wetterte Jakob I. von England in seiner berühmten Streitschrift gegen den Tabak, indem er das Rauchen als unzivilisierte, heidnische Gewohnheit denunzierte: »Ein Abkömmling der Sünde der Trunkenheit, die Wurzel allen Übels … Ein Brauch, abscheulich für das Auge, hassenswert für die Nase, schädigend für das Gehirn, gefährlich für die Lungen und einen schwarzen, stinkenden Rauch verbreitend, der am ehesten an den infernalischen Rauch jener Grube ohne Boden erinnert.«

PFEIFEN UND SCHNUPFTABAK

Abgesehen von seiner Verwendung als Arznei, fand man in verschiedenen Ländern jeweils bestimmte »Einsatzmöglichkeiten« für den Tabak. So wurde er in Großbritannien (wo seit dem Ende des 17. Jahrhunderts Tabakläden aufkamen) und Frankreich, in den Niederlanden und Deutschland in Pfeifen geraucht sowie geschnupft. In Spanien und Portugal bevorzugte der Raucher hingegen »Zigarren«, die durchaus an die heutige Form erinnern. Zu jener Zeit schätzte den Tabakgenuss jedoch nur eine überschaubare Minderheit. Es waren hauptsächlich Angehörige der wohlhabenden Schicht sowie Besucher der Neuen Welt, die Rauchwolken verbreiteten.

Nach wie vor weit verbreitet war das Rauchen in Spanien. In Sevilla wurden seit 1676 Zigarren aus kubanischem Tabak hergestellt. Dort wurden 1731 auch die Königlichen Manufakturen gegründet, nachdem 1717 das staatliche Tabakmonopol ausgerufen worden war. Allmählich verbreitete sich die Gewohnheit, Zigarren zu rauchen (was dem Gebrauch des Tabaks in anderer Weise eindeutig vorgezogen wurde), über ganz Europa, so dass sich die Herstellung von Zigarren gegen Ende des 18. Jahrhunderts nach Norden ausgeweitet hatte. In Frankreich beispielsweise entstanden in der Bretagne kleine Manufakturen, ebenso im belgischen Lüttich sowie in Deutschland.

Pinar del Rio **(ganz oben)***. Trocken-schuppen* **(oben** *und* **unten)***.*

KUBA

In Kuba wurde Tabak vom Ende des 16. Jahrhunderts an von Kolonisten angebaut. Mit dem ständigen Anwachsen der Ernten führten diese *Vegueros* einen lange währenden Kampf gegen die Landbesitzer. Einige jener Pflanzer konnten Land pachten, während sich viele andere gezwungen sahen, neue Anbaugebiete wie Oriente und Pinar del Rio zu erschließen.

Die *Vegueros* erhoben sich einige Male (1717, 1721, 1723) gegen das spanische Tabakmonopol (*Estanco*), wobei der letzte Aufstand von den Kolonialbehörden brutal niedergeschlagen wurde. Das Monopol verpflichtete die Pflanzer, den Tabak, der für die Weiterverarbeitung und Zigarrenherstellung in den Manufakturen von Sevilla bestimmt war, ausschließlich an die Regierung zu verkaufen. Mitte des 18. Jahrhunderts begannen zwar kubanische Pflanzer damit, in kleinem Umfang Zigarren selbst herzustellen, doch kam der überwiegende Teil nach wie vor in Sevilla an.

Zu jener Zeit wurde die Kunst des Anbaus, der Trocknung, der Fermentierung und der Zigarrenherstellung mehr und mehr perfektioniert. Nun kam man auch auf die Idee, verschiedene Tabakblätter für verschiedene Teile der Zigarre zu verwenden. Da die heute noch verwendete Methode der manuellen Zigarrenherstellung gegen 1800 bereits vollständig entwickelt war, weisen die Zigarren unserer Tage eine durchaus erkennbare Ähnlichkeit zu den damals erhältlichen auf. Wie stark seinerzeit die Nachfrage nach Zigarren war, mag eine Zahl belegen: Um das Jahr 1900 fanden mehr als fünftausend Menschen in den Zigarrenmanufakturen Spaniens ihr Auskommen.

ZIGARREN KOMMEN IN MODE

In Frankreich und Großbritannien kam die Gewohnheit des Zigarrenrauchens erst so richtig in Mode nach Ende des Spanischen Un-
abhängigkeitskriegs (1808–1814), in dessen Verlauf eine Koalition
aus britischen, spanischen und portugiesischen Streitkräften auf der
Iberischen Halbinsel gegen Napoleons Armeen antrat. Die heimkeh-
renden französischen und britischen Veteranen sorgten in der Folge
in ihren Heimatländern für die Verbreitung jener »rauchenden«
Gewohnheit, die sie während ihrer Einsätze in Spanien und Portugal
kennen gelernt hatten. Hatte im Großbritannien des angehenden
19. Jahrhunderts der Schnupftabak die Tabakpfeife weitgehend ver-
drängt, so war nun die Zigarre das Maß aller Dinge, und waren im
Jahre 1823 lediglich etwa 15 000 Zigarren nach Großbritannien eingeführt worden, so importierten die Engländer um 1840 sage und
schreibe 13 Millionen Stück.

Mit der Nachfrage stiegen auch die Erwartungen an die Qualität
der Zigarren, und die *Sevillas*, wie die spanischen Zigarren genannt
wurden (in Spanien selbst *Puros* geheißen), wurden nach und nach
von den kubanischen abgelöst. Der Hauptgrund: Es hatte sich
herausgestellt, dass die fertigen Zigarren die lange Reise von Kuba
aus sehr viel besser überstanden als die losen Tabakblätter. Dieser
Umstand führte schließlich zum Niedergang der spanischen Zigarrenindustrie, während die Produktion von Havannas rasch zunahm.

Noch war Kuba eine spanische Kolonie. Ein Dekret König Ferdi-
nands VII. von Spanien aus dem Jahre 1821 förderte die Zigarrenproduktion auf Kuba immens, weil es die Kontrollen seitens der
spanischen Behörden in Bezug auf Verkauf und Produktion des
Tabaks lockerte. Andererseits erschloss diese Veränderung der spanischen Krone eine neue Quelle im Bereich der Steuereinnahmen.
Jene Erweiterung von fiskalischen Einnahmen ist für alle Regierun-
gen dieser Welt eine un-
widerstehliche, weil lukra-
tive Vorgehensweise, die bis
heute Hand in Hand mit der
Produktion und dem Ver-
kauf von Tabakerzeugnissen
geht (zusammen mit Staats-
monopolen wie etwa Seita
in Frankreich).

Mitte des 19. Jahrhunderts
gab es auf Kuba 9500 Tabak-
plantagen, und zahlreiche
Manufakturen in Havanna
wie anderen Städten schos-
sen aus dem Boden. Die

*Die Heimat der Cohiba: El Laguito, ein
herrschaftlicher Wohnsitz im italienischen Stil.*

Das Schild am Gebäude der Partagas-Fabrik weist auf einen der touristischen Hauptanziehungspunkte von Havanna hin.

Zigarrenproduktion wurde zu einem der wichtigsten Industriezweige Kubas. Hauptausfuhrland waren seinerzeit die Vereinigten Staaten, was sich allerdings 1857 schlagartig änderte, als der große Nachbar im Norden hohe Zollbarrieren errichtete.

Zwei weitere wichtige Jahreszahlen sind 1810 und 1827. Im erstgenannten Jahr ließen Bernardino Rencurrel und H. de Cabanas y Carbajal Warenzeichen für ihre Zigarrenmarken eintragen, und im zweitgenannten wurde als erste große Marke die Partagas eingeführt. Mit dem wachsenden Zigarrenmarkt wuchs auch die Notwendigkeit, dass sich Marken und Formate unterschieden. Überhaupt gewann das Marketing an Bedeutung, und in der Mitte des 19. Jahrhunderts waren Zedernholzkisten mit Logos und Etiketten (in den vierziger Jahren von H. Upmann eingeführt) sowie Bauchbinden (1850 von dem Holländer Gustavo Bock ins Leben gerufen) zu wichtigen Bestandteilen der Verkaufsstrategie geworden. Das Tor zur modernen Welt der Zigarre war aufgeschlagen worden.

Zu Beginn des 19. Jahrhunderts nahm in den Vereinigten Staaten die heimische Produktion ihren Anfang. 1810 wurde in Connecticut die erste Zigarrenmanufaktur gegründet, der rasch andere folgten, so vor allem in Pennsylvania und New York. Übrigens liefert Connecticut, wo der Tabakanbau in den zwanziger Jahren des 19. Jahrhunderts aufgenommen wurde, heute einige der besten Deckblätter, die außerhalb Kubas gezogen werden.

Eine Auswahl klassischer Marken.

HAVANNA STEHT FÜR ZIGARRE

Zu Zeiten des amerikanischen Bürgerkriegs (1861–1865) war das Wort »Havanna« zu einem Oberbegriff für Zigarre geworden. Daneben galt der Name als Synonym für die teuersten amerikanischen Zigarren. Sie wurden aus kubanischem Tabak hergestellt und waren fünfmal so teuer wie die normalen amerikanischen Produkte. Zu den bekanntesten einheimischen Rauchobjekten zählten übrigens die *Stogies* (ein Begriff, der 1853 aufkam), lange, billige Zigarren aus einer Fabrik in Conestoga, Pennsylvania. In jener Zeit wurden in den USA viele Zigarren aus amerikanischen Deck- und Umblättern sowie einer Einlage aus kubanischem Tabak hergestellt (wobei für die Einlage auch häufig Blätter einheimischen Anbaus mit kubanischen gemischt wurden). Im ausgehenden 19. Jahrhundert war die Zigarre in den Vereinigten Staaten schließlich zum Statussymbol avanciert. Eine Steuersenkung machte sie in den siebziger Jahren des 19. Jahrhunderts sogar noch populärer und förderte so ihre Verbreitung sowie die heimische Produktion.

Mittlerweile war für die elegante Herrenwelt in Großbritannien und Frankreich das Zigarrenrauchen ein derart beliebter Zeitvertreib geworden, dass man dem in verschiedenster Art und Weise Rechnung trug: Züge wurden durch Raucherwagen ergänzt, »Zigarren-Diwane« eröffnet, und der Raucherraum in Hotels und Herrenclubs geriet zur normalen Einrichtung. In Großbritannien hatte sich bei

Der Prinz von Wales, der spätere Edward VII. (um 1870), einer der größten Zigarren-liebhaber aller Zeiten.

der gehobenen und mittleren Klasse des ausgehenden 19. Jahrhunderts die Konvention eingebürgert, dass die Herren, sobald sich die Damen nach dem Dinner in einen anderen Raum zurückgezogen hatten, zu einem Port oder einem Brandy ihre Zigarren rauchten. Sogar die Mode wurde von dieser Gewohnheit beeinflusst: Zum Schutz der normalen Kleidung vor dem Geruch des Zigarrenrauchs wurde ein Raucherjackett getragen, dessen Abkömmling noch heute unter der Bezeichnung *Smoking* in Europa bekannt ist. Das Zigarrenrauchen bekam nicht zuletzt dadurch einen gewaltigen Auftrieb, dass der Prinz von Wales (der zukünftige Edward VII.) ein großer Anhänger dieser Sitte war, worüber seine gestrenge Mutter, Königin Viktoria, »not amused« war. Zu Beginn seiner neunjährigen Regentschaft, 1901, tat er nach einem seiner Bankette den berühmten Ausspruch: »Gentlemen, Sie dürfen rauchen.«

In Amerika ließ sich 1920 Woodrow Wilsons Vizepräsident, Thomas Marschall, mit der Äußerung vernehmen: »Was dieses Land wirklich braucht, ist eine gute Fünf-Cent-Zigarre.« Ein frommer Wunsch, der freilich erst dreißig Jahre später wahr wurde, als neue Produktionsmethoden wirklich preiswerte Maschinenzigarren hervorbrachten.

DIE KONKURRENZ DER ZIGARETTE

Im Jahre 1907 hatte der Zigarrenkonsum in den Vereinigten Staaten seinen Höhepunkt erreicht – um dann auf Grund der wachsenden Beliebtheit der »demokratischeren« Zigarette langsam abzusinken. Die Zigarette, die »Papierzigarre«, wurde eigentlich »erfunden«, als in Sevilla Zugehörige der sozial schwachen Gesellschaftsschichten damit begannen, aus aufgelesenen und zerkleinerten Zigarrenkippen »Tabak zu gewinnen«, um ihn anschließend in Papierstücke zu wickeln. Die Arbeiter in den Zigarrenmanufakturen von Sevilla taten das Gleiche mit Tabakresten.

Das Rauchen von Zigaretten kam jedoch erst zu Beginn des 19. Jahrhunderts richtig in Mode, verbreitete sich dann jedoch in zunehmendem Maße in Spanien, Frankreich und Italien (und, zur Mitte des 19. Jahrhunderts hin, in Griechenland, der Türkei und Russland). In Großbritannien erlangte die Zigarette vor allem zu der Zeit Popularität, als aus dem Krimkrieg (1853–1856) zurückkehrende britische Soldaten sie mitbrachten. Der endgültige Durchbruch setzte allerdings erst ein, als in den achtziger Jahren des 19. Jahrhunderts Maschinen zur Zigarettenherstellung eingesetzt wurden.

In Kuba war die Zigarre hingegen zum Nationalsymbol geworden, vor allem deshalb, weil auf Grund der wachsenden Industrie Zigarrenmacher in der kubanischen Arbeiterklasse mittlerweile eine Schlüsselrolle spielten, wobei Tabak das bedeutendste Exportprodukt nach Zucker war.

Unten: Zigarrenkisten werden bestückt.

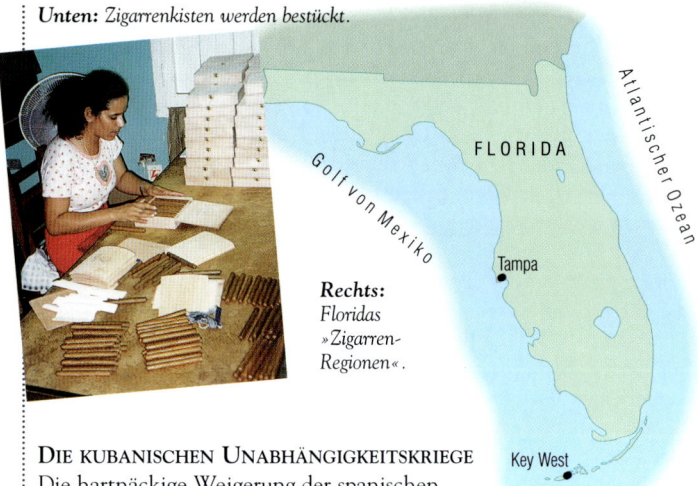

FLORIDA

Atlantischer Ozean

Golf von Mexiko

Tampa

Rechts:
Floridas
»Zigarren-
Regionen«.

DIE KUBANISCHEN UNABHÄNGIGKEITSKRIEGE

Key West

Die hartnäckige Weigerung der spanischen
Kolonialmacht, Kuba größere Autonomie zu
gewähren (bei gleichzeitiger Erhöhung der Steuern), führte zum
ersten kubanischen Unabhängigkeitskrieg (1868–1878), dem knapp
zwanzig Jahre später ein zweiter folgte (1895–1898). Auf beiden Seiten gab es zahlreiche Verluste unter der Zivilbevölkerung, und viele
Ansiedlungen und Plantagen wurden niedergebrannt. Um 1898 war
praktisch jede Handelstätigkeit zum Erliegen gekommen. Schon während und nach dem ersten Unabhängigkeitskrieg sahen sich viele
Arbeiter von Zigarrenmanufakturen gezwungen, Kuba zu verlassen.
Durch die Folgen der militärischen Auseinandersetzungen mittellos
geworden, wanderten in der zweiten Hälfte des 19. Jahrhunderts zahlreiche *Vegueros* nach Florida aus. Viele von ihnen eröffneten schließlich in Tampa und Key West eigene Herstellungsbetriebe. Etliche
gingen auch in die Dominikanische Republik, nach Honduras,
Jamaika, Mexiko und Venezuela.

Diese Exilkubaner leisteten einen entscheidenden finanziellen Beitrag zum Aufstand gegen Spanien, der 1895 begann und von José
Martí, einem heute noch verehrten kubanischen Volkshelden, ange-
führt wurde. Dessen Methode, den Aufständischen seine Anweisungen
zukommen zu lassen, hatte symbolischen Charakter: Er sendete seine
geheimen Botschaften von Key West aus in Zigarren nach Kuba!

Zu Beginn des 20. Jahrhunderts war Kuba das erste Land, das zunächst unter direkter, später indirekter Kontrolle der Vereinigten
Staaten stand. Bald setzte ein ökonomischer Aufschwung auf der
Zuckerrohr- und Tabakinsel ein. In den zwanziger Jahren wurde dann
die maschinelle Zigarrenproduktion in Angriff genommen. In Kuba
war es die Firma Por Larrañaga, welche diese Entwicklung trotz des
anfänglichen Widerstands ihrer Arbeiterschaft als Erste förderte.

*Fidel Castro, der
Führer der kuba-
nischen Revolution,
zündet sich eine
Zigarre an. Er gab
das Rauchen in den
frühen neunziger
Jahren auf.*

DIE REVOLUTION DES FIDEL CASTRO

Auch in Fidel Castros Revolution gegen General Batista, die mit
dem Einzug der siegreichen Aufständischen in Havanna am Neu-
jahrstag des Jahres 1959 endete, taten sich die Zigarrenarbeiter durch
ihr politisches Bewusstsein hervor – nicht zuletzt auch deshalb, weil
viele Arbeiter der Tabakfabriken Kubaner afrikanischer Abstammung
und daher Nachfahren ehemaliger Sklaven waren, die bis dahin weitgehend von der politischen Macht ausgeschlossen waren. Noch aus
einem anderen Grund war die Zigarre ein Symbol für Castros Revolution – ein Symbol, das eher weitläufig mit der Leidenschaft des
Commandante für Zigarren zu tun hatte: Als Gefangener erhielt er
geheime Botschaften, die, Martí lässt grüßen, in Zigarren steckten.

Nachdem Castro kubanische und ausländische Vermögen verstaatlicht hatte und 1962 das Embargo der Vereinigten Staaten über Kuba
in Kraft trat, war es, abgesehen von kleinen Mengen zum persönlichen Gebrauch, nicht mehr möglich, Havannas legal in die USA zu
importieren. Das versetzte der kubanischen Zigarrenindustrie einen
herben Schlag – immerhin lag die Exportquote noch wenige Jahre
vor Castros Sieg bei gut 40 Millionen Zigarren pro Jahr. Hinzu kam:
Wie alle Produktionsbetriebe, so wurden auch die Zigarrenfabriken
von den Revolutionären verstaatlicht. Erst Jahre später sollte mit
der Gründung der staatlichen Gesellschaft Cubatabaco die Zigarrenindustrie Kubas allmählich wieder festeren Boden betreten.

Partagas Limited Reserve Royale

Romeo Y Julieta Churchill

H. Upmann Corona

Punch Presidente

Hoyo de Monterrey Governor

Davidoff Tubo No. 2

EIN EXODUS SETZT EIN
Nach der Machtergreifung Castros beschlossen etliche führende Zigarrenhersteller, ihre Fabriken auf Kuba zu schließen und an anderen Orten neu zu errichten. So verließen neben anderen die Familien Cifuentes, Menendez und Palicio ihre Heimat, um anderswo Zigarren herzustellen, freilich unter Benutzung der vorrevolutionären Markennamen. Daher kommt es, dass Zigarren unter der Bezeichnung Partagas, Romeo Y Julieta und H. Upmann in der Dominikanischen Republik, dass Punch und Hoyo de Monterrey in Honduras gefertigt werden, wobei sich ihre Logos oft so gut wie gar nicht von denen ihrer kubanischen Namensvettern unterscheiden.
Dennoch gleichen sie ihren kubanischen Gegenstücken nur dem Namen und der Verpackung nach – oft sind sie von guter Qualität, aber eben anders. Die enteigneten Fabrikbesitzer aus Kuba und ihre Nachfolger nahmen aber auch die Produktion völlig neuer Marken auf, so vor allem in den schon erwähnten Ländern Dominikanische Republik und Honduras, wo der weitaus größte Teil aller Premium-Zigarren – Havannas natürlich ausgenommen – hergestellt wird. Auch die Produktion der berühmten Marke Davidoff wurde 1990 – nach einer Auseinandersetzung

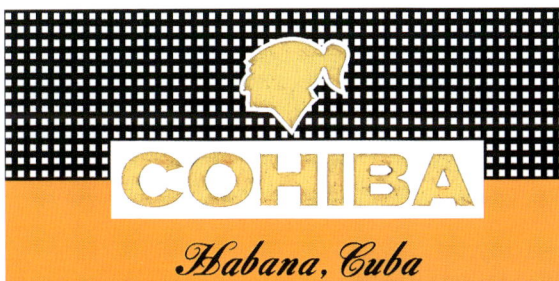

Links: *Die Cohiba sollte die Leistungsfähigkeit des neuen Kuba demonstrieren.* **Unten:** *Zigarrenrollerin bei der Arbeit.*

zwischen Davidoff und Cubatabaco – von Kuba in die Dominikanische Republik verlegt.

Von den Havannas selbst behaupteten viele, die Qualität der Zigarren sei nach der Revolution gesunken (Zigarren aus der Zeit vor der Revolution sind mittlerweile Sammlerobjekte) – eine Behauptung, die von den Kubanern verständlicherweise zurückgewiesen wurde. Ihre Antwort war die Cohiba, 1966 kreiert und damals dazu bestimmt, die beste erhältliche Zigarre überhaupt zu sein. Besagte Kritik war nicht ganz aus der Luft gegriffen, waren doch einige der fähigsten Zigarrenhersteller nicht mehr im Land.

In den kubanischen Fabriken selbst fand ebenfalls eine Revolution statt – dort begannen in den frühen sechziger Jahren Frauen die Zigarren zu rollen. Bis dahin war das eine Domäne der Männer gewesen.

Natürlich werden Zigarren von jeher mit Wohlstand assoziiert, und die kubanischen Kommunisten taten sich mit dieser Ironie, die ihren berühmtesten Exportartikel umgab, zunächst sehr schwer. Gleich nach der Revolution sprachen sich sogar einige dafür aus, alle Marken abzuschaffen und eine einzige »Volkszigarre« zu kreieren. Sehr zum Glück für den Rest der Welt ergab sich jedoch für Kuba aus dem Niedergang des Kommunismus in Europa und der Einbuße der über dreißig Jahre währenden Unterstützung aus dem ehemaligen Ostblock die Notwendigkeit, mit Hilfe der Zigarrenindustrie dringend benötigte Devisen zu beschaffen, wodurch die kubanische Zigarrenherstellung einen neuen, gehobeneren Stellenwert erlangte.

RATIONALISIERUNG HEISST DIE DEVISE

1979 rationalisierten die Kubaner ihren so wichtigen Industriezweig, indem sie die Formate standardisierten und die Zahl der produzierten Marken beschnitten. Heute stellen alle kubanischen Zigarrenfabriken mehrere Marken her, wobei sich einige Häuser auf bestimmte Formate, andere auf bestimmte Geschmacksrichtungen spezialisiert haben. Da Qualität der einzige ernst zu nehmende Vorteil der Havannas gegenüber den Konkurrenzprodukten ist, werden von kubanischer Seite erhebliche Anstrengungen unternommen, einen gleichbleibend hohen Standard zu halten.

In Kuba waren die neunziger Jahre des 20. Jahrhunderts vor allem durch die Kreation neuer Marken und die Erschließung enormer Anbauflächen gekennzeichnet, um mit der wachsenden Nachfrage nach Havannas Schritt halten zu können. Bei der Niederschrift dieses Buches produzierte Kuba weit über 100 Millionen handgemachter Zigarren pro Jahr – gegenüber lediglich 30 Millionen kurz nach der Revolution Castros.

Während der letzten Jahre haben zwischen den Kubanern und Herstellern in anderen Ländern wahre Schlachten um die Warenzeichen stattgefunden. Es ging dabei auch um so große Namen wie Montecristo und Cohiba, und schon jetzt reiben sich die Anwälte die Hände angesichts der Goldgruben, die sich auftun, sollte sich dereinst der amerikanische Markt erneut für kubanische Importe öffnen und andere Markeninhaber mit den Kubanern ihre Sträuße ausfechten wollen.

Die Häufigkeit dieser Rechtsstreitigkeiten beweist freilich einmal mehr, welchen Boom das Rauchen von Zigarren im Allgemeinen und von Premium-

Rechts: Das populäre US-Zigarren-Magazin Cigar Aficionado *begleitete den Zigarren-Boom der neunziger Jahre.*
Seite 27: *Zigarren vor einer Versteigerung bei Christie's, dem bekannten Londoner Auktionshaus.*

»Traumladung«: Eine Sendung Montecristo No. 4 verlässt die Partagas-Fabrik in Richtung Lagerhaus.

Zigarren im Besonderen in den neunziger Jahren des 20. Jahrhunderts erfahren hat. Ein markantes Jahr war 1993, nachdem im September des Vorjahres das Magazin *Cigar Aficionado* und Bücher wie der von mir verfasste Bestseller *The Cigar Companion* (*Zigarren – Der Guide für Kenner und Genießer*) erschienen waren.

Was waren die Gründe? Sicherlich ist der Umstand, dass Zigarren bei weitem nicht so schädlich sind wie Zigaretten, nicht ganz von der Hand zu weisen, aber wichtiger erscheint mir die Tatsache, dass sich entweder der Wohlstand in wichtigen Industrieländern wie den Vereinigten Staaten und Großbritannien vermehrte oder sich andere bedeutende Staaten wie Frankreich und Deutschland in der Mitte der neunziger Jahre von Rezessionen erholten, wodurch insgesamt mehr Geld für Luxusgüter – oder »Notwendigkeiten«, wie manche meinen – zur Verfügung stand (und steht). Auch hatten einige Zeitgenossen in den erwähnten Ländern in den achtziger Jahren von dem einen oder anderen Boom profitiert, wodurch sich ein beachtliches finanzielles Polster entwickelt hatte und hat, das es ihnen gestattete und gestattet, ohne Reue Geld für Statussymbole auszugeben.

Unabhängig davon, woran nun die genauen Gründe festzumachen sind, so sind sie doch zusammen mit dem wachsenden Wissen über handgemachte Zigarren und einem gezielt angelegten Marketing der Branche dafür verantwortlich, warum die Nachfrage bei Premium-Zigarren in die Höhe geschnellt ist. So wurden allein in den Vereinigten Staaten 1994 rund 126 Millionen exportierte Premium-Zigarren von über 100 000 (geschätzten) Zigarrenrauchern gekauft (gegenüber 107 Millionen im Jahre 1993). 1995 war die Zahl importierter Premium-Zigarren um weitere 31 Prozent gestiegen. Und 1996 wurden 297 Millionen Premium-Zigarren in die Vereinigten Staaten exportiert – eine Zahl, die 1997 auf 500 Millionen anstieg.

Auch in Europa und in Teilen Südostasiens konnten sich die steigenden Verkaufszahlen für Premium-Zigarren durchaus sehen lassen.

Der Zigarren-Boom der neunziger Jahre lässt sich insbesondere an einer bestimmten Bevölkerungsgruppe festmachen: 26- bis 28-jährige Amerikaner verzeichneten den größten Zuwachs beim Konsum von Premium-Zigarren.

Die Bar des
»Havana
Club and
Monte's«
(oben) sowie
die »Chur-
chill-Bar«
(rechts) –
zwei zigarren-
freundliche
Stätten in
London.
Seite 31:
Europäische
Gegenstücke
zum Cigar
Aficionado.

ZIGARRENFIEBER

Die neue Begeisterung für Zigarren hatte (und hat) viele Nebeneffekte, so zum Beispiel die steigende Popularität der Zigarrenclubs, die zunehmende Zahl der Zigarren-Events und nicht zuletzt der Zuwachs von jenen Restaurants, in denen Zigarrenraucher willkommen sind. Auch ist eine Reihe neuer Zigarrenmagazine auf der ganzen Welt entstanden – in Spanien, Frankreich und Österreich ebenso wie in den Vereinigten Staaten. Darüber hinaus wurden zahlreiche neue Bücher veröffentlicht, wo vorher nur eine Handvoll existierte. In Zeitungen und Zeitschriften wird nun regelmäßig aus der Welt der Zigarren berichtet, und Fernsehfilme haben den Boom dokumentiert. Nicht zuletzt leistet das Internet seinen Beitrag: An der Schwelle zur Jahrtausendwende existieren ebenso Dutzende von Websites, die mit Zigarren zu tun haben, wie Online-Zigarrenmagazine.

Wo Licht ist, da ist natürlich auch Schatten. Eine weniger angenehme Folge des Aufkeimens der Zigarrenkultur sind die gefälsch-

ten Havannas, die in wachsender Zahl rund um den Globus auftauchen.

Mitte 1997 gab es Anzeichen dafür, dass der Zigarrenboom abflachen würde – zumindest auf kurze Sicht. Bei Niederschrift ruhte in den Vereinigten Staaten eine geschätzte Anzahl von 100 Millionen unverkaufter handgemachter Zigarren in den Lagern. Ein Grund für diese Schwemme ist das Auftauchen von Zigarren, die in der Branche verächtlich als »Don Nobodys« bezeichnet werden – billige handgemachte Zigarren, die nicht ordentlich reifen konnten und plötzlich verfügbar waren, um die Nachfrage von unerfahrenen Rauchern zu befriedigen. Ein anderer Grund war, dass als Folge von bestimmten Lücken im Angebot (größere Formate waren besonders schwer zu finden) viele passionierte Raucher Mitte der neunziger Jahre damit begonnen hatten, beträchtliche Bestände zu »bunkern«.

Unabhängig davon, wie lange der Zigarrenboom noch anhalten wird, haben noch andere Länder außer den oben erwähnten bereits davon profitiert. Höhere Investitionen haben dazu geführt, dass Costa Rica nun eine Quelle für anständige Blätter ist und Ecuador mittlerweile gute Deckblätter produziert. Länder wie Brasilien, Jamaika, Mexiko und Nicaragua haben eine lange Tradition bei der Zigarrenherstellung, und darüber hinaus sind ihre Blätter auch bei Herstellern in anderen Ländern gefragt. So werden heute zum Beispiel Umblätter aus Mexiko in großem Rahmen für eine ganze Reihe von Premium-Marken benutzt. Auf der ande-

Oben: Wenn Sie Kuba besuchen, sollten Sie sich nicht von verlockenden Angeboten verleiten lassen. Zigarren, die auf der Straße feilgeboten werden, sind Fälschungen. Der Zigarrenfreund weiß es besser: Er bevorzugt geführte »Zigarren-Trips« nach Havanna.
Seite 32: Falls Sie auf Kuba Einheimische eine Zigarre rauchen sehen, dann handelt es sich um eine »Domestic«, nicht um eine Havanna. Alle guten handgemachten Zigarren sind für den Export bestimmt.

ren Seite bleibt abzuwarten, welche langfristigen Folgen für die honduranische wie die nicaraguanische Tabakproduktion die Verwüstungen haben werden, welche der Hurrikan »Mitch« im Jahre 1998 anrichtete. Des weiteren produziert das westafrikanische Land Kamerun eines der besten dunklen Deckblätter der Welt, und die zu Indonesien gehörenden Inseln Java und Sumatra, die beide traditionelle Verbindungen zu den Zigarrenindustrien von Holland, der Schweiz und Deutschland (für maschinell gefertigte Zigarren) haben, gelten heute als wichtige Lieferanten von Deckblättern für Hersteller in der Neuen Welt. Ebenso produzieren die Philippinen und die Kanarischen Inseln Blätter für eine Reihe von Herstellern, aber auch eigene Zigarren.

Frauen und Zigarren

Ein Nebeneffekt des Zigarren-Booms beleuchtet die Glitzer-
und Glimmerwelt der Schönen und Erfolgreichen, die sich
dann nicht selten auf Hochglanzpapier mit dem (angeblichen)
Objekt ihrer Begierde abgelichtet sehen: Mittlerweile finden es
auch Frauen offenbar chic, Premium-Zigarren zu rauchen.
Als Trendsetter dürfen hier Supermodels und Filmstars
gelten. Viele Stars von Laufsteg und Leinwand waren bereits
auf der Umschlagseite des Cigar Aficionado und des
Smoke zu bewundern oder, Stogies paffend, auf
Filmpremieren und Zigarren-Events anzutreffen.

Dabei haben Frauen vor allem auf Kuba, in Süd- und Mittelamerika sowie in Spanien von Anbeginn der modernen Zigarrenproduktion jene Objekte der Begierde geraucht, die in erster Linie von Männern bevorzugt werden. Seit dem 19. Jahrhundert waren auch Frauen anderer Länder den Verführungen des blauen Dunstes erlegen. Sehr berühmt waren zum Beispiel in den dreißiger Jahren diejenigen Raucherclubs in Berlin, die nur Damen vorbehalten waren. Aber bis vor nicht allzu langer Zeit galten in Europa zigarrenschmauchende Frauen – wie George Sand und Colette, wie Virginia Woolf und Marlene Dietrich – allgemein als überdrehte und egozentrische Herausforderinnen des männlichen Establishments, vor allem in

Oben: *Marlene Dietrich.*
Seite 34: *Whoopi Goldberg.*

ebenjener Zeit, als die Tradition es vorschrieb, dass sich Frauen nach dem Dinner zurückzuziehen hatten, damit die Männer ihren Rauchgenüssen nachgehen konnten.

Es geschah 1845, als sich George Sand im Beisein eines jungen russischen Aristokraten eine Zigarre anzündete. Auf dessen Verwunderung meinte sie: »In Sankt Petersburg wäre es mir wohl nicht möglich, in einem Salon eine Zigarre zu rauchen.« Worauf folgende Antwort denkbar gewesen wäre: »Madame, noch in keinem Salon habe ich bisher eine Dame eine Zigarre rauchen sehen.«

Warum also haben in den letzten Jahren immer mehr Frauen die Zigarre für sich entdeckt? Nicht wenige springen vielleicht nur auf den »Zug der Zeit« und zollen dem neuesten Modetrend Tribut, doch möglicherweise rauchen sie Zigarren aus denselben Gründen, die seit rund eineinhalb Jahrhunderten Männer dazu veranlassen, mit Rauchwolken die Luft zu schwängern … um Macht, Prestige und Wohlstand kundzutun bzw. zu erlangen. Gleiches könnte auch durchaus in dem Plakat zu dem Film *The First Wives Club* (*Der Club der Teufelinnen*) zum Ausdruck kommen: Goldie Hawn, Bette Midler und Diane Keaton sind hier mit dicken Zigarren abgebildet, um den Triumph über ihre Ehemänner zelebrierend zu demonstrieren …

Seite 36: *Die Zigarren-Abteilung von Harrods und ihre Managerin.*
Rechts: *Girl-Power nach Havanna-Art.*

In dem folgenden Umstand schwingt eine gewisse Ironie mit: Gerade die Antiraucherlobby in den Vereinigten Staaten scheint dafür verantwortlich zu sein, dass Zigarren immer mehr als chic gelten – zum einen, weil sie bei weitem nicht so schädlich wie Zigaretten sind, zum anderen wegen ihres neuen Images als Förderer der Geselligkeit, letztendlich aber auch auf Grund ihres Stellenwerts, den ihr die Medien zugestehen. Wohl kaum jemand käme auf die Idee, in einem Hochglanzmagazin einen Artikel zu platzieren, der Frauen, die Zigaretten rauchen, in positivem Sinne gewidmet ist. Aber Spekulationen beiseite: Der Trend geht unverkennbar dahin, dass heute mehr Vertreter der holden Weiblichkeit als jemals zuvor Zigarren rauchen. So wusste der Besitzer eines Zigarrengeschäfts in Großbritannien kürzlich zu berichten, dass »Frauen Zigarren früher nur für ihre Liebhaber kauften; jetzt kaufen sie sie für sich selbst«. In Europa bevorzugen Frauen kleinere Formate, während Amerikanerinnen versuchen, ihren männlichen Kollegen nachzueifern, indem sie sich auf die »Power-Formate« stürzen.

Frauen scheinen sich der Zigarre anders zu nähern als Männer. Simon Chase von der britischen Importfirma Hunters & Frankau: »Männer halten sich für allwissend, weshalb es ihnen peinlich ist, Fragen zu stellen. Frauen hingegen möchten gesagt bekommen, wie und was sie rauchen sollen.«

Auch im Zigarrenhandel spielen Frauen eine immer wichtigere Rolle. So wurde 1999 die Managerin der Zigarrenabteilung des berühmten Kaufhauses Harrods in London, Jean Clark, von den Kubanern zu einem der weltweit fünf Top-Verkäufer von Havannas gekürt.

Die Zigarre als Kunstobjekt

Sigmund Freud.

Über Jahrhunderte haben sowohl die Raucher von Zigarren als auch die Herstellung der begehrten Objekte immer wieder Künstler fasziniert. Zunächst war es wenig mehr als Neugier: das Bedürfnis, eine neue Mode zu dokumentieren, und der Reiz, der von den Geheimnissen des Herstellens und Rauchens der Zigarren ausging. Später wurden die Zigarren ein wichtiges Requisit auf Porträts berühmter Raucher, wobei Letztere auf diese Weise etwas hatten, woran sie sich festhalten konnten.

DIE ERSTE BEKANNTE europäische Darstellung von Indianern, die Zigarren rauchen, ist ein Holzschnitt aus dem Jahre 1557, gefertigt von André Thevet, jenem französischen Mönch, dem nicht wenige die Ehre zukommen lassen, den Tabak in Europa eingeführt zu haben. Jedenfalls brachte Thevet nicht nur Tabak aus Brasilien mit, sondern zog auch die Pflanze in seinem Garten als Zierstrauch – und er schrieb über das Nachtschattengewächs. Auch in seiner *Universalen Kosmographie* findet sich die Abbildung einer Tabakpflanze.

Schon im 17. Jahrhundert zeigen niederländische und flämische Meister in zahlreichen Gemälden, wie Menschen unterschiedlichster Gesellschaftsschichten Tonpfeifen rauchen. Sobald in Europa Zigarren hergestellt wurden, erschienen auch auf den Gemälden einige der neuen Manufakturen, so zum Beispiel eine Szenenabfolge aus einer Manufaktur in Lüttich, im 18. Jahrhundert von dem belgischen Künstler Leonard Defrance geschaffen. Ferner entstanden Illustrationen für Bücher wie die berühmte Enzyklopädie des Franzosen Denis Diderot. Ein anderer Franzose, der Zeichner und Graphiker Gustave Doré, stellte im Jahre 1866 die Königlichen Tabakmanufakturen von Sevilla in einem seiner Drucke dar.

Zur Mitte des 19. Jahrhunderts hin, als sowohl in Europa als auch in den Vereinigten Staaten die Zigarre so richtig in Mode gekommen war, zeigten die Gemälde die Reichen, Berühmten und Modischen mit Zigarren. Beispiele hierfür sind das Porträt eines italienischen Lebemanns von Domenico Morelli und Henri Toulouse-Lautrecs 1891 entstandenes Bildnis des Louis Pascal. Dagegen wurden die sozial Schwachen, so ist zu konstatieren, weiterhin pfeiferauchend dargestellt.

Etliche Schriftsteller und Künstler entdeckten mit der Zeit die Gewohnheit des Zigarrenrauchens für sich selbst, wodurch diese Handlung sozusagen ihre künstlerische Weihe erhielt. So wurde der Dichter Stéphane Mallarmé sowohl von Édouard Manet als auch von François Nardi mit einer Zigarre in der Hand gemalt. Mallarmés Dichterkollege Charles Baudelaire wurde ebenfalls (von Charles Ney) mit einer Zigarre abgebildet. Häufig stellten auch die Künstlerateliers selbst ein beliebtes Sujet für Gruppenporträts dar, auf denen einige der Künstler wie zufällig beisammen waren und ganz beiläufig Zigarren in der Hand hielten.

Francisco José de Goyas einst sensationelles Gemälde *Die nackte Maja*, das der große Spanier zu Beginn des 19. Jahrhunderts malte, hat ebenfalls seinen Platz in der Historie der Zigarren. Dachte man ursprüng-

Eine typische Szene in einem Smoking Room aus Viktorianischer Zeit. Illustration im Magazin Punch *aus dem Jahre 1886.*

lich, dass es sich bei dem Modell um Goyas Geliebte, die Fürstin von Alba, handelte, so nimmt man heute an, dass er in einer Zigarren-manufaktur nach einem Modell gesucht hat, bevor er die Frau por-trätierte.

Wenn im 19. wie im frühen 20. Jahrhundert Frauen mit Zigarren dargestellt wurden, so war es generell wohl unvermeidlich, entweder ihre zweifelhafte Moral oder ihre augenscheinliche Sexualität hervor-zuheben. In ähnlicher Weise verwendeten und verwenden Karikatu-risten die Zigarre als Symbol für Wohlstand oder Habgier. Die stereo-type Karikatur des kapitalistischen Zigarrenrauchers wurde schon früh in den Vereinigten Staaten und in Großbritannien eingesetzt, vor allem von der linksgerichteten Presse.

Auch Photographen standen natürlich an, die Berühmtheiten dieser Welt mit ihren Zigarren zu porträtieren. Sie verewigten so berühmte Raucher wie Edward VII. von Großbritannien, dann Sigmund Freud, Thomas Mann, Evelyn Waugh, Count Basie, John F. Kennedy und etliche Filmstars wie Charlie Chaplin und Groucho Marx, später Jack Nicholson und Arnold Schwarzenegger mit Zigarre auf Zelluloid.

Die Photographen hatten herausgefunden, dass die Zigarre ein nützliches Requisit darstellte, welches dem zu Porträtierenden einen gewissen Halt gab und ihn entspannter aussehen ließ. Hingegen zeigt ein Porträt von dem wohl berühmtesten Zigarrenraucher des 20. Jahrhunderts einen recht grimmig dreinschauenden Zeitgenossen.

Winston Churchill, wie man ihn kennt: mit Zigarre.

Besagtes Porträt zeigt keinen Geringeren als Winston Churchill, und zwar ... ohne die gewohnte Zigarre. Es wurde 1941 von einem Photographen namens Yousuf Karsh aufgenommen, nachdem er dem brummenden Churchill seine Zigarre abgenommen hatte. Karsh erinnerte sich: »Churchills Zigarre war immer präsent. Ich hielt ihm einen Aschenbecher vor die Nase, aber er dachte nicht daran, die Zigarre hineinzulegen. Dann machte ich einen Schritt nach vorn, und ohne Umschweife, wenn auch respektvoll, sagte ich: ›Vergeben Sie mir, Sir ...‹ – und nahm ihm die Zigarre aus dem Mund. Als ich wieder an meiner Kamera war, blickte die reine Kampfeslust aus ihm, als wolle er mich verschlingen.«

Zigarren in der Literatur

Victor Hugo.

Erwartungsgemäß kommen Zigarren in der Literatur zunächst in Memoiren und Reisejournalen von Autoren vor, die ihnen in Kuba und anderen Teilen der Neuen Welt begegnet waren. Die ersten Niederschriften stammen wohl von Luis de Torres und Rodrigo de Jerez, die von ihren Begegnungen mit den Taino-Indianern auf Kuba im Jahre 1492 berichten. Auch der Engländer John Cockburn schreibt über eigene Erlebnisse, wenn er 1735 jene Rauchgewohnheiten, die er bei Männern und Frauen in Honduras und auf Costa Rica beobachten konnte, Revue passieren lässt.

Stéphane Mallarmé.

D ER FRANZÖSISCHE PHILANTHROP François Alexandre Herzog von La Rochefoucauld-Liancourt, der 1794 als Vermittler zur amerikanischen Revolutionsregierung geschickt worden war, weiß in seinen Reisebeschreibungen zu berichten: »Zigarren sind eine großartige Ressource. Sie heben die Geister.«

Auch etliche französische Schriftsteller des 19. Jahrhunderts versäumten es nicht, in ihren Werken Zigarren zu erwähnen, so etwa Stendhal. Und während der Dichter Auguste Barthelmy um die Mitte des 19. Jahrhunderts das *Manual über die Kunst des Rauchens* in fünftausend Alexandrinern verfasst, beschreibt der große Romancier Victor Hugo den Tabak als »die Pflanze, welche Gedanken in Träume verwandelt«. Stéphane Mallarmé wiederum, durch seinen Vater mit Zigarren vertraut, gesteht in seinen Werken seine Liebe zu ihnen. Und der Dichter und Dramatiker Alfred de Musset findet: »Jeder Zigarrenraucher ist mein Freund, denn ich weiß, was er fühlt.«

Es waren nicht nur französische Schriftsteller, welche Zigarren liebten, sondern auch ihre schreibenden Kolleginnen, allen voran die bereits erwähnte George Sand. Die Gefährtin von Alfred de Musset (der in einem Gedicht beschreibt, wie sie eine Zigarre raucht) und enge Vertraute von Franz Liszt, Hector Berlioz, Honoré de Balzac und Frédéric Chopin hatte eine ganz besondere Beziehung zu Zigarren: »[Sie] lindern den Schmerz und bezähmen die Einsamkeit der Menschen mit tausend lieblichen Vorstellungen.« Die außergewöhnliche Frau zählte auch Prosper Mérimée zu ihren engsten Gefährten, jenen großen französischen Erzähler und Dramatiker, dem die Nachwelt die Novelle *Carmen* verdankt, deren Handlung in einer Tabakfabrik in Sevilla spielt und die später Georges Bizet zu seiner gleichnamigen Oper inspirierte.

Zu den britischen Schriftstellern, die ein Loblied auf Zigarren angestimmt haben, gehört der Historiker Thomas Carlyle, der gegen Mitte des 19. Jahrhunderts dafür eintrat, das Rauchen von Zigarren im Parlament einzuführen, um die Debatten in ruhigere Bahnen zu lenken. Diese keineswegs schlechte Idee hatte sogar ein Vorbild, denn immerhin war das Rauchen von Zigarren für einige Zeit im amerikanischen Kongress gestattet. 1845 schreibt dann der viktorianische Dichter, Kritiker und Politiker Edward Bulwer-Lytton, der spätere (ab 1866) Baron Lytton of Knebworth: »Frauen weinen sich aus, Männer trösten sich mit einer Zigarre.« Und Lord Byron, der große englische Dichter und Sprachvirtuose, schreibt als Teil des Gedichts *The Island* mit *Sublime Tobacco* sogar eine Ode über die Zigarre, die mit folgenden Zeilen endet:

> *Sosehr du mich in diesen Formen reizt, ich harre*
> *Der nackten Schönheiten. – Zeig dich als Zigarre!*

Viele der größten britischen Romanciers des Viktorianischen Zeitalters waren nicht nur große Verehrer von Zigarren, sondern schrieben auch über sie. Dazu zählt neben dem herausragenden Vertreter des sozialen Romans, Charles Dickens, vor allem William Makepeace Thackeray. Letzterer schreibt nicht nur über die Lust, Zigarren zu rauchen (»... die Zigarre war immer eine Quelle des Trostes für mich ...«), sondern hat in ihr auch eine Gefährtin, die ihm beim Schreiben hilft. In seinem großen Roman *Vanity Fair* (*Der Markt des Lebens* bzw. *Jahrmarkt der Eitelkeit*) aus dem Jahre 1847, der in Napoleonischer Zeit angesiedelt ist, spielt die Zigarre immer wieder eine Rolle, so zum Beispiel in der Szene, in der die abenteuerhungrige Becky Sharp raucht. Diesen Genuss gönnt sich die Heldin des Romans, kurz nachdem Captain Crawley, ein tapsiger Dragoner, sie gefragt hat, ob seine Zigarre sie störe. Des Offiziers Sorge war unnötig, denn: »Miss Sharp liebte den Geruch von Zigarren, der aus den Türen quoll, mehr als alles in der Welt ...« Übrigens heiratet Becky den Captain später.

Rudyard Kipling, der mit seinen Romanen, Kurzgeschichten und Erzählungen, von denen viele in Indien spielen, als Chronist des britischen Empire gilt, war ebenfalls ein Zigarrenliebhaber. In seinem Gedicht *The Betrothed* von 1886 heißt es an einer Stelle: »Eine Frau ist nur eine Frau, aber eine gute Zigarre ist ein Smoke.« Diese Zeilen haben Kipling den zweifelhaften Ruf eines Frauenhassers eingetragen – aber nur bei denjenigen, die nicht das ganze Gedicht kennen.

Rudyard Kipling.

Henry Clay Breva

Tatsächlich ist dieses Urteil sehr unfair, wenn man bedenkt, dass es sich um eine Satire handelt, in der es darum geht, zwischen einer Frau und dem Rauchgenuss wählen zu müssen. Ein authentischer Gerichtsfall, bei dem es um ein nicht eingehaltenes Versprechen ging und einem Ehemann vorgeworfen wurde, er ziehe die Zigarren seiner Ehefrau vor, hatte den Nobelpreisträger von 1907 zu diesem Gedicht veranlasst. Hierin versucht Kipling lediglich, die Gedanken des Ehemanns nachzuvollziehen. Es werden außerdem einige kubanische Marken wie Por Larrañaga, Partagas und Henry Clay erwähnt, wodurch sich eine bemerkenswerte Kenntnis über Zigarren offenbart.

»Diese wunderbare Gabe des Rauchens!« Das bezieht sich nicht auf eine der erwähnten Havannas, sondern das lässt der englische Schriftsteller H[erbert] G[eorge] Wells seinen Helden in dem Roman *The Invisible Man (Der Unsichtbare)* von 1897 sagen, als der nach dem Abendessen in einem Restaurant eine Zigarre verlangt und das Ende abbeißt, bevor man ihm ein Messer reichen kann.

Partagas Corona

Wells war ebenfalls ein begeisterter Anhänger von Zigarren.

Das war auch einer der erfolgreichsten englischen Schriftsteller des 20. Jahrhunderts, William Somerset Maugham. Der Verfasser von Romanen und Short Storys und Autor so bedeutender Romane wie *Of Human Bondage (Der Menschen Hörigkeit)* und *The Moon and Sixpence (Silbermond und Kupfermünze)* schreibt in seiner Autobiographie: »Eine gute Zigarre ist eines der größten Vergnügen, die ich kenne. Als ich jung und sehr arm war, kam ich nur dann in den Genuss einer Zigarre, wenn ich sie geschenkt bekam. Ich habe mir damals geschworen, dass ich, wenn ich jemals zu Geld käme, jeden Tag nach dem Lunch und nach dem Dinner eine Zigarre genießen würde. Das ist der einzige Vorsatz meiner Jugend, den ich eingehalten habe, und die einzige verwirklichte Ambition, die mich nicht enttäuschte.«

Evelyn Waugh war nicht nur einer der bedeutendsten englischen Romanciers des 20. Jahrhunderts, sondern auch einer der enthusiastischsten Zigarrenraucher seiner Zeit. In seinem größten, wohl auch bekanntesten Werk, in *Brideshead Revisited (Wiedersehen mit Brideshead)*, erwähnt der Bonvivant eine Partagas, und auch in seinem Tagebuch finden sich etliche Hinweise auf das Rauchen von Zigarren.

Der größte Zigarrenliebhaber der gesamten amerikanischen Schriftstellergilde war wohl Mark Twain, der sogar eine Marke nach seinem Namen benennen ließ. Der scharfe Beobachter jenes alltäglichen Lebens, das sich in den Südstaaten abspielte, lässt sich in *Leben auf dem Mississippi* des öfteren über Zigarren aus. Mark Twain muss recht frühreif gewesen sein, denn er begann schon im zarten Alter von acht Jahren mit dem Zigarren-

Mark Twain.

rauchen. Jahre später tat er dann den Ausspruch: »Wenn man im Himmel nicht rauchen darf, gehe ich nicht hin.«

H[enry] L[ouis] Mencken, amerikanischer Journalist, Literaturkritiker und Schriftsteller sowie kritischer Beobachter des Spießbürgertums, war fast ebenso scharf auf Zigarren wie Mark Twain, obwohl er erst (!) mit sechzehn Jahren zum Raucher wurde. Dann jedoch waren Zigarren für ihn unverzichtbar. Für seinen Vater, August Mencken, der eine der großen Zigarrenfabriken in Baltimore im Staat Maryland besaß, war es eigentlich klar gewesen, dass sein Sohn, der sogar die Kunst des Zigarrenrollens erlernt hatte, die Fabrik einst übernehmen

Che Guevara.

würde. Es kam zwar anders, aber die Liebe zur Zigarre beim Mit-
begründer und -herausgeber bedeutender Kulturmagazine blieb.

Aus historischen und kulturellen Gründen ist es nicht weiter verwunderlich, dass viele kubanische und spanische Schriftsteller in
ihren Werken dem Thema
Zigarre Raum widmen.   *Lithographie der Marke Romeo y Julieta.*
Hierzu zählt der
große spanische
Dichter und
Dramatiker
Federico
García Lorca,
der beispiels-
weise die far-
benprächtigen
Lithographien
auf den Zigarrenkisten
der Marken Fonseca
und Romeo y Julieta in
einem Gedicht beschwor.

– 48 –

In jüngerer Zeit schrieb der kubanische Schriftsteller und Diplomat Guillermo Cabrera Infante, der sich schon im Kuba Batistas als Autor von Short Storys hervortat und der in revolutionärer Zeit auf Fidel Castro und Che Guevara traf, um danach in den diplomatischen Dienst zu treten, 1965 als Kulturattaché in Belgien von seinem Posten zurücktrat und nach London ins Exil ging, wo er noch heute lebt … Guillermo Cabrera Infante schrieb also 1985 sein berühmtes »Buch der Vignetten«, *Holy Smoke (Rauchzeichen)*, das eine einzige Hommage an die Zigarre ist.

Auch der schon erwähnte José Martí war von Hause aus Literat. Der spätere Kämpfer für die Freiheit Kubas schreibt seinerzeit über den Tabak, dass er »der Trost des Schwermütigen, die Freude des Tagträumers …« sei. Und der aus Argentinien stammende und dort als Arzt praktizierende langjährige Weggefährte Fidel Castros, Che Guevara, war ein Zigarrenliebhaber, der die Zigarre oft in seinen Schriften über den Guerillakrieg und in seinen Tagebüchern erwähnte. Der längst zur Legende gewordene Guerillaführer schreibt: »Ein gewohnheitsmäßiger und äußerst wichtiger Bestandteil des Lebens eines Guerillas ist das Rauchen …«

Einer der berühmtesten Schriftsteller der Weltliteratur mit einem Hang zum Zigarrenrauchen, Thomas Mann, lässt im *Zauberberg* (1924) seinen Protagonisten Hans Castorp sagen: »Ich verstehe es nicht, wie jemand nicht rauchen kann, – er bringt sich doch, sozusagen, um des Lebens besten Teil und jedenfalls um ein ganz eminentes Vergnügen!«

Wie ernst und wichtig einem Zigarrenraucher aus Leidenschaft dieses Vergnügen ist, beschreibt der bedeutende russische Schriftsteller Fjodor M. Dostojewski. In *Der Idiot* (1868/69) schildert er einen Zwischenfall in einem Eisenbahnwaggon erster Klasse, bei dem zwei

Damen gegenüber einem Herrn ihr Missfallen über den Rauch seiner Zigarre zum Ausdruck bringen. Schließlich schnappt sich eine der Damen die Zigarre und wirft sie aus dem Fenster – woraufhin der Raucher prompt ihr Schoßhündchen hinterherwirft …

Lithographie der Marke Fonseca.

Zigarren im Film

Danny DeVito.

Bereits seit der frühen Stummfilmzeit spielen Zigarren ihre »Rolle« im Film. In den zwanziger, dreißiger und vierziger Jahren war ihre häufige Präsenz auf der Leinwand ein Indiz dafür, wie weit verbreitet ihr Genuss war (vor allem in den Vereinigten Staaten). Zigarren dienten auch oft als Symbol, was sich nahezu in gleichem Maße auf Cartoons und Karikaturen bezog. Das ist noch heute so.

Ramon Allones Gigantes

Edward G. Robinson.

IN ZAHLREICHEN GANGSTERFILMEN, die vor dem Zweiten Weltkrieg in Hollywood gedreht wurden, repräsentieren große Zigarrenformate einerseits Macht (oft personifiziert durch Edward G. Robinson, selbst ein eifriger Zigarrenraucher), andererseits dienen historische Zeitgenossen wie Al Capone dazu, die Beliebtheit von Zigarren im wahren Leben zu spiegeln, und so ist denn auch der berühmte Bandenchef im Film ein eifriger Zigarrenraucher. Auch moderne Gangsterfilme, die in der Zeit vor dem Krieg spielen, wie Brian De Palmas Remake von *Scarface* aus dem Jahre 1983, nicht zu vergessen sein Film *The Untouchables (Die Unbestechlichen)* von 1987, kommen ohne Zigarren nicht aus, ebenso die Melodramen jener Epoche zwischen den beiden Kriegen, in denen Reichtum wie selbstverständlich durch Zigarren angezeigt wird.

Auch in zahlreichen Western hat die Zigarre Symbolkraft. Meist sind es der unbarmherzige Eisenbahnboss oder der skrupellose Farmer, die sich über Verträge mit Indianern hinwegsetzen, also die Gegenspieler der Helden, sowie durchtriebene Pokerspieler, welche lässig eine Panatela oder ein Zigarillo in

ihrem Mundwinkel wippen lassen. Das suggeriert meist Härte und Gemeinheit, wie das beispielsweise auch Clint Eastwood in *The Good, the Bad and the Ugly* (*Zwei glorreiche Halunken*) tat, bei dem übrigens der Zigarrenfreund Sergio Leone Regie führte.

In französischen Filmen haben Zigarren von jeher dazu gedient, Stil, Eleganz und Wohlstand anzuzeigen. Auch die *Joie de vivre*, die Freude am Leben, und die unbekümmerte Lebenshaltung sollten durch die Zigarre zum Ausdruck gebracht werden. In diesem Zusammenhang kommen dem eifrigen Kinogänger sofort der Krimi *That Man from Rio* (1964) und Gangsterkomödien wie *Borsalino* (1970) mit Jean-Paul Belmondo in den Sinn.

Auch in Hollywood-Komödien haben Zigarren häufig eine symbolische Funktion. Eine davon ist die, Reichtum anzudeuten, eine andere, Armut zu unterstreichen bzw. die Erinnerung an diesen Zustand zu dokumentieren, so zu sehen in Charlie Chaplins Filmen *City Lights* (*Lichter der Großstadt*) und *The Gold Rush* (*Goldrausch*), in denen der kleine Landstreicher Zigarrenstummel raucht, die von den reichen Zeitgenossen weggeworfen worden sind. Für viele Komiker wie Harold Lloyd, Stan Laurel und Oliver Hardy, wie W. C. Fields und George Burns dienten Zigarren oft als Requisite für ihre Gags. Am ehesten werden sie aber wohl mit Groucho Marx assoziiert, auch im wirklichen Leben ein großer Zigarrenliebhaber.

Ein gängiges, wenn nicht gar stereotypes Image ist das der Filmproduzenten und Regisseure aus Hollywood, die eine großformatige Zigarre im Mund halten. Dieses Image entbehrt nicht einer gewissen Grundlage. Produzenten und Studiobosse wie beispielsweise Jack Warner und Darryl F. Zanuck waren hingebungsvolle Zigarrenraucher. Und Regisseure wie Ernst Lubitsch, Orson Welles und Alfred Hitchcock, wie Roman Polanski und Francis Ford Coppola waren (und sind) begeisterte Raucher.

Die Vorliebe der Regisseure für Zigarren findet bisweilen ihren Niederschlag in ihren Filmen. Orson Welles zum Beispiel spielt in *The Touch of Evil* den skrupellosen, seine Zigarre regelrecht mampfenden Cop Hank Quinlan, einem Film, der 1957 in den deutschen Kinos unter dem Titel *Im Zeichen des Bösen* lief und bei dem Welles auch selbst Regie führte. In Hitchcocks Thriller *Der zerrissene Vorhang* wiederum, der während des Kalten Krieges spielt, bietet ein ostdeutscher Sicherheitsmann dem Hauptdarsteller Paul Newman eine Zigarre mit den Worten an: »Havanna – Ihr Verlust, unser Gewinn.« Insgesamt kommen Zigarren in Spionagefilmen jedoch wesentlich seltener vor, als allgemein wohl erwartet wird – was womöglich daran liegen mag, dass Zigaretten ein größeres Gefühl der Spannung erzeugen.

Seite 52: *Groucho Marx.*

Wahrscheinlich lieben Regisseure Zigarren aus gutem Grund. Ständig müssen sie in einer aufgeheizten Atmosphäre Entscheidungen treffen. Zündet sich der Regisseur also nach einer Frage zunächst einmal eine Zigarre an, hat er einen gewissen zeitlichen Spielraum bei seiner Antwort, und außerdem wird die Zigarre ihre beruhigende Wirkung nicht verfehlen. Nicht zuletzt verleiht sie ihrem Raucher das notwendige Maß an Autorität und Gelassenheit, und sie versüßt die Zeit zwischen den Set-ups.

Der schon erwähnte Paul Newman zählt wie Pierce Brosnan, Michael Caine, Tom Cruise, Danny DeVito, Robert De Niro und Arnold Schwarzenegger zu den großen Schauspielern, die als ernsthafte Zigarrenraucher gelten können. Bisweilen frönen sie ihrer Leidenschaft auch auf der Leinwand, wie etwa Jack Nicholson als Colonel Jessep in *A Few Good Men* von Rob Reiner aus dem Jahre 1992 und davor als kleiner GI in *The Last Detail (Das letzte Kommando)* von 1973. Albert Finney beispielsweise spielt einen knallharten, Zigarren rauchenden irischen Boss in dem Gangsterfilm *Miller's*

Orson Welles.

Crossing von 1990, und auch als Detektiv Hercule Poirot in *Mord im Orient-Express* sieht man ihn mit Zigarre. Des Weiteren raucht Michael Douglas in *Wall Street* von 1987 in der Rolle des habgierigen Ekels Gordon Gekko Zigarren – wie überhaupt in Filmen der späten achtziger und frühen neunziger Jahre, die oft coole Yuppies porträtieren, immer wieder Zigarren vorkommen.

Darüber hinaus waren mit Zigarre zu sehen: James Woods als halbpsychotischer Max in Sergio Leones 1984 entstandenem Gangsterepos *Once Upon A Time in America* (*Es war einmal in Amerika*), Arnold Schwarzenegger in *Raw Deal* (*City Hai*), Roger Moore in dem James-Bond-Film *Live And Let Die* (*Leben und sterben lassen*) und Robert Cuvall in *Godfather II* (*Der Pate II*). Bleibt noch der Zigarrenliebhaber Sylvester Stallone zu erwähnen, der zwar in Norman Jewisons 1978 entstandenem Film *F.I.S.T*, der sich dem Thema Gewerkschaften widmet, seiner Leidenschaft frönt, doch ist das nicht zu sehen, da Slys Raucherszenen zuvor auf dem Boden des Schneideraums gelandet waren.

An dieser Stelle muss noch auf etwas Wesentliches aufmerksam gemacht werden: Nur wenige dieser Darsteller haben die Zigarren, die sie im Film so hingebungsvoll schmauchen, auch wirklich während der Dreharbeiten geraucht. Die Erklärung hierfür ist so einfach wie einleuchtend: die Kontinuität. Die meisten Regisseure vermeiden »echte« Raucherszenen, wo immer sie können, da es sehr aufwendig ist, in den verschiedenen Takes die jeweils erforderliche Länge der Zigarre bereitzustellen (mit Zigaretten ist das einfacher). So werden Zigarren nur dann eingesetzt, wenn sie zur Ausformung eines Charakters oder zum Einfangen einer Stimmung unerlässlich sind. Und selbst dann wird es ein Regisseur bevorzugen, eine Szene zu drehen, in der eine Zigarre entfacht oder abgelegt wird, anstatt tatsächlich geraucht zu werden. Auch sieht es die Requisite selten als ihre Aufgabe an, Zigarren perfekt zu lagern, und die Hitze, die von der Studiobeleuchtung ausgeht, trägt sicherlich nicht zur Qualitätsverbesserung der Rauchobjekte bei.

Als der ultimative Zigarrenfilm hat wohl *Smoke* aus dem Jahre 1995 zu gelten, von Wayne Wang nach dem Originaldrehbuch des New Yorker Autors Paul Auster in Szene gesetzt. In diesem Film ist ein Zigarrenladen in Brooklyn, der von Auggie Wren, gespielt von Harvey Keitel (auch im richtigen Leben Zigarrenfan), geleitet wird, der Ausgangspunkt für eine Reihe von Geschichten. In einer davon wird eine Ladung eingeschmuggelter Havannas im Werte von 5000 Dollar aus Versehen zerstört. Kurz nach *Smoke* machten Wang und Auster einen zweiten Film zusammen, *Blue in the Face*, der im selben Zigarrenladen spielt, aber dieses Mal haben Madonna und Roseanne, Michael J. Fox und Lou Reed ihre Spezialauftritte. Auch Harvey Keitel kommt wieder vor.

Vom Tabakblatt zum Smoke

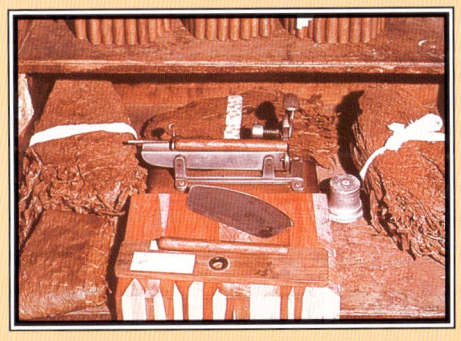

Die Entstehung einer Zigarre

Zunächst einmal sollte vor allem eines niemals vergessen werden: Bei der Zigarre handelt es sich um ein Naturprodukt, bei dem der Herstellungsprozess vom rohen Blatt bis zur fertigen Zigarre äußerst kompliziert ist. Deshalb finden auch während jeder Phase dieses Prozesses sorgfältige Kontrollen statt.

AUF DER PLANTAGE

Handgemachte Zigarren bestehen aus drei Komponenten: Einlage, Umblatt und Deckblatt. Jeder dieser Bestandteile hat eine eigene Funktion bei der Herstellung einer Zigarre, und jeder ist auf seine Weise prägend für Geschmack und Qualität des Endprodukts. So werden auch die Tabakblätter aufgrund ihrer späteren Verwendung entsprechend angebaut und klassifiziert. Man trocknet die Blätter, damit sie vor allem eine gewisse Flexibilität erhalten, fermentiert sie und lässt sie reifen (was der weiteren Verfeinerung dient). Der Prozess ähnelt demjenigen der Weinherstellung, doch im Gegensatz dazu erfolgt die Herstellung von erlesenen Qualitätszigarren ausschließlich von Hand.

Die nun folgenden Beschreibungen mit ihren technischen Ausdrücken gelten, wenn nicht anders erwähnt, zwar für Havannas, jedoch sind die in anderen Gebieten verwendeten Methoden ähnlich jenen wie den hier beschriebenen.

Tabaksaaten werden auf ebenen Feldern ausgesät, damit sie nicht fortgespült werden können. Sobald die Aussaat beendet ist, schützt man die Saaten mittels eines dünnen Tuchs oder eines Strohdachs vor Sonne und Wind. Zu Beginn der Keimphase werden diese Abdeckungen entfernt.

Die Erde des Saatbeets muss gut entwässert werden können. Außerdem setzen die Tabakbauern Pestizide gegen Parasitenbefall ein.

Nach ungefähr fünf Wochen (in Kuba in der zweiten Oktoberhälfte) sollten die Pflanzen so gesund und ausreichend entwickelt sein, um von Hand in die Tabakfelder umgesetzt werden zu können. Dort werden sie vorsichtig von unten gewässert, um ihr weiteres Wachsen zu sichern. Ein Saatbeet von 200 Yards im Quadrat (ca. 167 m²) kann zwischen 15 000 und 25 000 Pflanzen hervorbringen, die in einem Abstand von ungefähr 2 Fuß (ca. 60 cm) voneinander getrennt in Reihen wachsen, die 3 Fuß auseinander liegen.

Die besten Deckblätter wachsen auf sandigem oder sandig-lehmigem Boden, während die besten Um- und Einlageblätter auf einem Boden gedeihen, der entweder aus Schwemmsand und Lehm oder Ton und Lehm besteht.

Im kubanischen Gebiet Pinar del Rio, aus dem der beste Zigarrentabak stammt, beginnt die Wachstumssaison zwischen November und Februar, also in der trockenen Jahreszeit *(La Seca)*. Bis dahin haben heftige Regenfälle während der vorangegangenen Monate dafür gesorgt, dass der rote Boden gut durchnässt ist. Die Wachstumsbedingungen sind nun bei einer durchschnittlichen Sonneneinstrahlung von acht Stunden pro Tag, einer mittleren Temperatur von etwa 27 Grad Celsius und einer durchschnittlichen Luftfeuchtigkeit von 64 Prozent ideal. Zwar ist ein hoher Feuchtigkeitsgehalt in Boden und Luft vor allem für das Wachstum eines dünnen, elastischen Blattes notwendig, doch ist hier Vorsicht geboten: Übermäßige Bewässerung bzw. zuviel Regen beeinträchtigt die Qualität des Blattes.

Links: Während die Blätter wachsen, entwickeln sich Blütenknospen, die zu entfernen sind, da sie sonst der Pflanze zu viele Nährstoffe entziehen würden. So wird einer Wachstumshemmung und Verschlechterung der Blattqualität vorgebeugt.

Das Wachstum eines Blattes von der Verpflanzung in das Saatbeet bis zum Ende der Ernte dauert ungefähr 120 Tage.

Rechts: Für Zigarren bestimmte Tabakpflanzen können jeweils zwischen 20 und 26 Blätter produzieren, wobei die Position der Blätter am Stamm deren spätere Verwendung bestimmt. Normalerweise wird die Tabakpflanze in drei Teile eingeteilt: ganz oben (Corona), Mitte und unten.

Links: *Pflanzen von der Art, die als Corojo bezeichnet wird, werden speziell für Deckblätter gezogen (deren Qualität für die besten Zigarren ausschlaggebend ist). Diese Pflanzen wachsen im Schatten, also abgedeckt (was mit dem spanischen Adjektiv* tapado *umschrieben wird). Jene Abdeckung besteht aus Musselin-Tüchern, die von hohen Holzpfählen gehalten werden. Auf diese Weise wird verhindert, dass die Blätter zu ölig oder derb werden, was dann der Fall wäre, wenn man sie dem prallen Sonnenlicht aussetzen würde. Tabakarbeiter, die sich auf Stelzen bewegen, verlegen bzw. entfernen die Tücher dann zum jeweils gegebenen Zeitpunkt.*

Die amerikanischen Connecticut-Deckblätter, die ebenfalls im Schatten wachsen, werden übrigens in Zelten aus indischer Baumwolle gezogen, in denen die Pflanzen auf ähnliche Weise vor der Sonne geschützt werden. Auch hier werden die Wachstumsbedingungen sorgfältig überwacht. Eine gesunde Deckblattpflanze kann für die Herstellung von bis zu 32 Zigarren verwendet werden. Je nach Wetterbeschaffenheit brauchen die Deckblätter bis zu 90 Tage, um heranzureifen. In der Sonne gezogene Einlage- und Umblätter benötigen 45 bis 70 Tage.

Blätter, die in direktem Sonnenlicht gezogen werden und von einer Pflanze namens Criollo de sol stammen, werden anhand ihrer Farbe und Struktur eingeteilt in Volado (wörtlich »davongeflogen«), Seco (trocken), Ligero (leicht) und Medio tiempo (halb). Für Deckblätter gibt es ähnliche Einteilungen: Viso (glänzend), Seco, Amarillo (gelb), Medio tiempo und Quebrado (gebrochen).

Rechts: *Sortieren der Blätter. Die von der Spitze der Pflanze stammenden Ligero-Blätter haben einen starken Geschmack, die langsam brennenden Seco-Blätter aus der Mitte sind bedeutend leichter, während die Volado-Blätter der Zigarre Körper verleihen und ausgezeichnete Brandeigenschaften entwickeln.*

Bei der Ernte werden die Blätter, die man erst ein wenig welken lässt, um die Gefahr des Brechens zu verringern, mit einer einzigen Handbewegung entfernt. Deckblätter fasst man in Bündeln zu je fünf Blättern zusammen, wobei das Bündel als *Plancha* (Hand) bezeichnet wird. Über insgesamt sechs Phasen, von denen jede ungefähr eine Woche dauert, zieht sich das Entfernen der Deckblätter hin. Von jeher erntet man die Pflanze von unten nach oben ab. Der unterste Teil der Pflanze wird *Libra de pie* (am Fuß) genannt, darauf folgen *Centro ligero* (untere Mitte), *Centro fino* (Mitte), *Centro gordo* (obere Mitte) und *Corona* (ganz oben). Die feinsten Blätter befinden sich in der Mitte der Pflanze. Da die obersten für Deckblätter in der Regel zu ölig sind, werden sie nur in der heimischen Produktion als solche verwendet, ansonsten für die Einlage herangezogen. Auch *Libra-de-pie*-Blätter werden nicht als Deckblätter verwendet.

Wenn die Blätter sortiert sind, bringt man sie zum Tabakschuppen der *Vega* (Plantage), damit sie dort trocknen können. Die Schuppen, allesamt in einer Ost-West-Linie ausgerichtet, weisen an jeder Seite große Türen auf, damit morgens das eine Ende und am späten Nachmittag das andere von der Sonne erwärmt wird.

IM TROCKENSCHUPPEN

Im Trockenschuppen befestigt man nun die Blätter zu Paaren mittels Nadeln und Faden an Stangen *(Cujes)*. Anschließend werden die Stangen (zu je hundert Blättern) weit oben horizontal aufgehängt, damit die Luft um sie herum zirkulieren kann. Hier sollen die Blätter

Seite 62: *Tabakblätter auf dem Weg zum Trockenschuppen.*

Während des Trocknungsprozesses nehmen die Blätter ihre typische braune Farbe an, da Chlorophyll durch Karotin ersetzt wird und die Blätter somit oxidieren. Sobald der Trocknungsvorgang abgeschlossen ist, werden die verschiedenen Blattarten sortiert und in Bündel gefasst.

welken, ihre Farbe verändern und je nach Wetterbeschaffenheit innerhalb von 45 bis 60 Tagen trocknen.

Die nächste Phase ist ausschließlich für den Fermentationsprozess vorgesehen, dessen Hauptziel es ist, unreine Stoffe zu entfernen, so etwa vor allem Stickstoff, der einen Ammoniakgeschmack verursacht. Während der Fermentation wird der Anteil an Säure und Teer reduziert, der Nikotingehalt der Blätter auf diese Weise mitunter auf die Hälfte reduziert, nehmen außerdem die verschiedenen Blattarten eine einheitliche Farbe und Struktur an. Der Vorgang ähnelt dem des Kompostierens, denn die Blätter werden zu einem rund einen Meter hohen Haufen gestapelt und mit Jute abgedeckt. Die nun entstehende Hitze wird ständig kontrolliert; sie darf 33 Grad Celsius nicht übersteigen. Nach 35 bis 40 Tagen wird die Juteabdeckung entfernt und der Haufen aufgebrochen, damit die Blätter abkühlen können. Danach sortiert man sie im Selektierhaus (*Escogida*). Zunächst werden sie ausgeschüttelt, um sie voneinander zu trennen, und dann befeuchtet und gelüftet. Anschließend unterteilt man sie, je nach Bestimmungszweck, in Deck-, Um- und Einlageblätter, außerdem nach Farbe, Größe und Qualität in bis zu fünfzig verschiedene Arten. Es folgt der Entrippungsvorgang, der dazu dient, die Einlageblätter flach zu drücken, nachdem zuvor ein Teil ihrer Mittelrippen entfernt worden ist. Die so wichtigen Deckblätter werden erst später, in der Zigarrenfabrik selbst, entrippt.

Nach der Sortierung werden die auf Brettern flach gedrückten Blätter in Garben zu je fünfzig Stück gefasst und mit Wasser (Deckblätter) bzw. einer Mischung aus Wasser und Tabaksaft besprüht, bevor sie für eine erneute Fermentation wiederum in große Haufen gestapelt werden, die mit Rupfen abgedeckt werden und bis zu zwei Meter hoch sein können. Diese Fermentationsphase beträgt zwischen einem und drei Monaten, wobei diese Fermentation sehr viel intensiver ist als die erste. Ligero-Blätter fermentiert man in der Regel über einen Zeitraum von ungefähr 60 Tagen, Seco- und Volado-Blätter etwa 40 und Deckblätter (bei einer niedrigeren Temperatur) rund 35 bis 40 Tage. Sobald die Temperatur zwischen 42 und 43 Grad Celsius erreicht hat, wird der Haufen »gewendet«: Die Blätter werden umverteilt, damit sie abkühlen können und sichergestellt ist, dass die Fermentation gleichmäßig erfolgt.

Nach der langwierigen Phase des Trocknens, des Sortierens und der Fermentation ist der Tabak endlich bereit, in viereckigen Ballen (*Tercios*) an die Lagerhäuser bzw. Fabriken geschickt zu werden. Die Palmblätter, in die sie eingewickelt sind, sorgen dafür, dass der Tabak bei einer konstanten Feuchtigkeit gehalten wird und langsam wei-

Die Fermentation wird überprüft **(oben)**, *danach der Haufen aufgebrochen* **(darunter)**.

terreifen kann, bevor man ihn verarbeitet (was mitunter erst nach zwei Jahren geschieht). Bei den Palmblättern handelt es sich übrigens um Blätter der Königspalme. Yagua wird solch ein Blatt genannt.

IN DER FABRIK

Vom Saatbeet bis zum Verkauf durchläuft eine Havanna mehr als zweihundert verschiedene Arbeitsphasen. In der Fabrik »entscheidet« sich schließlich, ob die eigentliche Herstellung einer Zigarre allen Mühen um Anbau und Vorbereitung des Tabaks gerecht wird. Hier entscheiden die Fähigkeiten des Rollers und die Sorgfalt bei der Qualitätskontrolle über Wohl und Wehe einer Marke.

Die Deckblätter werden zunächst aus den *Tercios* herausgenommen und geschüttelt, damit sie sich voneinander trennen. *Zafadores* verrichten nicht nur diese Arbeit, sondern befeuchten auch die Blätter – ein notwendiger Vorgang, *Moja* geheißen, da die Blätter zu diesem Zeitpunkt auf Grund des Feuchtigkeitsverlustes recht spröde geworden sind. Die *Zafadores* stippen sie in Wasser, um sie danach zu besprühen. Schließlich werden die Blätter 24 Stunden lang in Garben aufgehängt, wobei die Feuchtigkeit bei 95 Prozent gehalten wird. So erhalten die Blätter eine seidige Struktur.

Als Nächstes werden, wie schon erwähnt, bei den Deckblättern die Mittelrippen entfernt und die Blätter insgesamt nochmals nach Größe und Farbe sortiert sowie gedehnt und geglättet. Nun teilt man sie in bis zu 20 verschiedene Kategorien ein. Später werden sie in Garben zu 25 zusammengefasst – je nachdem, für welches Format (*Vitola*) sie bestimmt sind. Jedes Deckblatt sollte dabei für die Herstellung von zwei Zigarren ausreichen.

In der Zwischenzeit wurden zueinander passende Um- und Einlageblätter im Mischraum unter strengster Geheimhaltung zusammengestellt, obwohl, jedenfalls in Kuba, das endgültige Mischungsverhältnis der Roller bestimmt. Endlich gehen die Blattmischungen in Portionen zu je fünfzig Zigarren an die verschiedenen Roller. Jeder Roller bindet seine Zigarren mit einem farbigen Band, dessen

Seite 66: *Die Partagas-Fabrik.*
Links: *Tabakmischer bei der Arbeit.*

Die Roller (Torcedores) arbeiten in Sälen, in denen sie auf Bänken vor Tischen sitzen, welche an viktorianische Pulte erinnern. Während der Arbeit lauschen die Torcedores den Lesungen aus Büchern und Zeitungen, die von ausgewählten Kollegen, den Lectores, vorgelesen werden. Diese Tradition stammt aus dem Jahre 1864, als sich Alexandre Dumas' des Älteren zwanzig Jahre zuvor veröffentlichter Roman Der Graf von Monte Christo großer Beliebtheit erfreute. Es wird aber auch Musik gespielt. Die Torcedores arbeiten bis zu 48 Stunden pro Woche, wobei sie nach der Zahl der produzierten Zigarren bezahlt werden. Ein durchschnittlich guter Roller verdient einige hundert Dollar pro Monat – ein (an kubanischen Verhältnissen gemessen) durchaus gut zu nennendes Einkommen. Außerdem darf er während der Arbeit so viele Zigarren rauchen, wie er möchte, und täglich bis zu fünf mit nach Hause nehmen.

Bis zur kubanischen Revolution war die Domäne des Zigarrenrollens ausschließlich den Männern vorbehalten, doch mittlerweile spielen Frauen bei dieser wichtigen Tätigkeit eine gleichberechtigte Rolle. El Laguito beschäftigt sogar ausschließlich Rollerinnen. In einer typischen kubanischen Fabrik gehen zwei- bis dreihundert Roller(innen) ihrer Arbeit nach.

Bei einer handge-
machten Zigarre
werden zunächst
zwei bis vier Ein-
lageblätter (die
Anzahl hängt von
der Formatgröße
ab), deren Enden
jeweils in eine
Richtung zeigen,
in zwei halbe Um-
blätter gewickelt.
Das Resultat ist
der Wickel, hier-
zulande auch
»Puppe« genannt.
Die Einlageblätter,

die nach Art einer Ziehharmonika der Länge nach in den Wickel »geschichtet« werden, müssen sorgfältig zusammengelegt und gleichmäßig verteilt sein, damit später ein
ordentlicher Zug gewährleistet ist. In der Vergangenheit wurde der Einlagetabak oft
nach einer bestimmten Methode verwendet, Entubar genannt, bei der bis zu acht enge
Tabakblattröhren in das Umblatt gewickelt wurden. Zigarren, die nach dieser Methode
gefertigt worden waren, neigten dazu, einerseits sehr langsam zu brennen, und waren
andererseits dem Risiko ausgesetzt, dass sich die Einlageblätter regelrecht verzwirbel-
ten, wodurch der Zug noch schwieriger geriet. – Auf den Philippinen wurden mitunter
die Blätter spiralförmig um zwei dünne Holzstöckchen gezwirbelt, die man herauszog,
sobald die Puppe in das Deckblatt gewickelt worden war.

Die in das Umblatt
gewickelte Einlage-
mischung wird sodann
als »Puppe« in höl-
zerne Model gepresst –
ein System, das seit
1958 in Gebrauch ist.

Danach wird eine mechanische Presse verwendet, um die Gleichmäßigkeit der Form zu gewährleisten. In kubanischen Fabriken wird die Herstellung des Wickels und das Rollen der Zigarre von ein und derselben Arbeitskraft vorgenommen, die sich bis zum Ende ihrer Herstellung um die Zigarre kümmert. In anderen Ländern besorgen zwei verschiedene Spezialisten jeweils das Wickeln und Rollen. Dagegen beginnt in beiden Fällen die Arbeit des Rollens, wenn jede(r) Roller(in) einen Vorrat von zylinderförmigen Wickeln im Model vor sich liegen hat, jeweils entsprechend der herzustellenden Formatgröße.

Als nächstes wird der heraushängende Einlagetabak am Ende des Bündels so beschnitten, dass ein rundes Ende übrigbleibt. Nun entfernt der Torcedor vom Umblatt die verbliebene Rippe und sucht sich ein passendes Deckblatt aus, das er sich anschließend mit der Oberseite nach unten zurechtlegt und auf die richtige Größe zuschneidet. Hierfür verwendet er eine ovale Stahlklinge, die Chaveta.

Links: *Der Roller legt jetzt den Wickel (Einlage mit Umblatt) quer in eine Ecke des Deckblatts, dehnt es und windet es vorsichtig um den Wickel, wobei er die Kanten überlappen lässt. Nach der letzten Drehung klebt er das Deckblatt fest. Hierfür nimmt er einen Tropfen pflanzlichen Leims, Tragant genannt, der sowohl geschmacks- als auch farbneutral ist. Nun drückt und rollt der Torcedor die Zigarre sanft mit der Flachseite der Chaveta, um ein Höchstmaß an Gleichmäßigkeit zu erreichen.*

Rechts: *Zum Schluss wird die Kappe geformt. Hierfür schneidet der Roller aus einem Deckblattrest, der beim Zuschneiden abgefallen ist, ein kleines rundes Stück aus, um es anschließend mit Leim in der richtigen Position festzukleben. Bei sehr guten Zigarren werden bisweilen andere Methoden zur Herstellung der Kappe verwendet. So wird bei der Flag Cap das Ende des Deckblatts selbst zur Kappe geformt, indem es geglättet wird. Und bei Formaten wie der Montecristo Especial erhält das Mundstück seine Form dadurch, weil der Roller das Ende des Deckblatts zwirbelt. Wenn endlich die Kappe hergestellt ist, kappt der Torcedor das offene Ende auf die korrekte Länge.*

Ein geübter Torcedor stellt an einem Achtstundentag ungefähr hundert mittelgroße Formate her, während die schnellsten bisweilen fünfzig Stück mehr schaffen. Naturgemäß beanspruchen sehr große Formate erheblich mehr an Zeit, bisweilen die doppelte, obwohl es schon vorgekommen ist, dass ein Spitzenroller in der Lage war, stolze zweihundert Montecristo A an einem Tag herzustellen.

Farbe den Hersteller verrät, zu Bündeln von je fünfzig Stück zusammen – *Media Ruedas*, »Halbräder«, werden diese Bündel genannt. Der weitaus größte Teil von ihnen wird sofort in eine unter Vakuum stehende Desinfektionskammer gebracht, in der sie gegen Ungeziefer behandelt werden.

Ebenso wichtig wie der letztgenannte Vorgang ist derjenige der Qualitätskontrolle; sie wird an einer bestimmten Anzahl von Bündeln eines jeden Rollers vorgenommen. Die Prozentzahl der auf Qualität geprüften Zigarren bewegt sich in der Regel zwischen 10 und 20 Prozent. Die Prüfungen sind streng und genau, wobei insbesondere auf Glattheit des Deckblatts sowie auf Länge, Gewicht und Festigkeit geachtet wird. Daneben wird gleichfalls das allgemeine Erscheinungsbild in Augenschein genommen, so etwa werden die Enden daraufhin untersucht, ob sie auch sauber gekappt worden sind.

Auf Kuba gibt es auch eine besondere Art von Testern. Sie verkosten regelmäßig eine Anzahl von Zigarren. Bei diesen Blindverkostungen testen jene professionellen Raucher, die *Catadores*, die Zigarren einer jeden Marke und eines jeden Formats auf Kriterien wie Zug, Brandeigenschaften und Aroma. Ihre Arbeit beginnt schon relativ früh am Morgen, wobei sie von jeder Zigarre, die sie verkosten, ungefähr zweieinhalb Zentimeter rauchen und zwischendurch an ihre Gaumen lediglich schwarzen Tee lassen, um so nach einer verkosteten Zigarre wieder einen neutralen Geschmack zu erhalten.

Nach der Behandlung mit Pestiziden verlassen die Zigarren die Desinfektionskammer, um für ungefähr drei Wochen in der *Escaparate* zu ruhen, dem klimatisierten Lagerraum. Auf diese Weise wird der Fermentationsprozess verlangsamt und den Zigarren überschüssige Feuchtigkeit entzogen. Danach werden die Zigarren sortiert.

Qualitätskontrolle.

Schränke wie dieser zur Lagerung von Zigarren finden sich in den klimatisierten Lagerräumen. Escaparate wird solch ein Raum genannt.

Nachdem sie abgekühlt sind, werden Chargen zu je tausend eines jeden Formats nach Farben sortiert. Es gibt über ein Dutzend Farbklassifizierungen und mehr als sechzig verschiedene Abtönungen, die der Sortierer alle erkennen muss, ehe die Zigarren einer Grundfarbe in Kisten verpackt werden, wobei, jeweils abstufend, die dunkelsten auf der linken und die hellsten auf der rechten Seite zu liegen kommen. Sobald die Farbsortierung abgeschlossen ist, werden die Zigarren mit den Bauchbinden ihrer Marke versehen und in jene Zedernholzkisten verpackt, wie sie auch der Verbraucher kennt.

In der Packabteilung wird übrigens nochmals das Erscheinungsbild der Zigarren geprüft. Hat eine schlecht gemachte Zigarre – aus welchen Gründen auch immer – die Qualitätskontrolle passiert, so wird sie spätestens jetzt zum »Opfer«: Sie wird aussortiert. Nachdem man das ein oder andere Exemplar ersetzt hat, deckt man die Zigarren nach neuerlicher Prüfung mit einem dünnen Zedernholzblatt ab, versieht die Kiste mit den entsprechenden Aufklebern und versiegelt sie. Schließlich werden die Kisten sorgfältig unter kontrollierten Bedingungen gelagert, bis sie in den heimischen Verkauf gelangen oder exportiert werden.

Was macht eine gute Zigarre aus?

Avo XO Maestoso

Und warum sind die besten Zigarren so teuer? Die Antwort(en): Ehe sich der Endverbraucher seine Premium-Zigarre anzündet, haben die Hände vieler Tabacaleros ihre Arbeit getan, und da wirklich jede Phase des Tabakanbaus sowie der Zigarrenherstellung zur Qualität einer Premium-Zigarre beiträgt, hat die auch ihren Preis.

WACHSTUMSBEDINGUNGEN

Ein gutes Wachstum ist insbesondere ausschlaggebend für ein hervorragendes Deckblatt, denn jene wichtigste Komponente einer jeden Zigarre braucht ideale Bedingungen. Neben der Vuelta Abajo auf Kuba, wo die absolut besten Deckblätter wachsen, gibt es nur noch wenige Gebiete, die annähernd so gute Deckblätter liefern. Außerhalb Kubas wachsen in Connecticut, Costa Rica, Ecuador, Honduras, Kamerun, Mexiko, Nicaragua sowie auf Sumatra Deckblätter, die für Premium-Zigarren geeignet sind. Dagegen verfügt die Zigarrenindustrie der Dominikanischen Republik über relativ wenige Anbauflächen für gute Deckblätter, obwohl seit Mitte der neunziger Jahre vor allem die Familie Fuente dabei ist, Deckblätter von hoher Qualität zu ziehen.

Criojo-Deckblatt

DAS DECKBLATT

Das Deckblatt ist im Wesentlichen für das äußere Erscheinungsbild der Zigarre verantwortlich. Es verleiht ihr (vor dem Rauchen) ein Bouquet, das von Marke zu Marke verschieden ist. Die Blätter dürfen keine hervorstehenden Adern aufweisen, auch nicht im Geringsten beschädigt, sollten ferner glatt, biegsam und nicht zu ölig sein, da sie sonst zu schnell abbrennen würden. Deckblätter lässt man normalerweise zwölf bis achtzehn Monate lang reifen, manchmal sogar noch länger.

DIE PFLEGE BEIM ANBAU

Die Qualität einer Zigarre hängt auch weitgehend davon ab, wie viel Sorgfalt auf ihren Anbau verwendet worden ist. So wird etwa auf Kuba über einen Zeitraum von vier Monaten jede Tabakpflanze im Durchschnitt 170 Mal aufgesucht. Der Erntevorgang selbst ist äußerst arbeitsintensiv, da jedes Blatt einzeln gepflückt wird. All das verursacht enorme Kosten.

Je länger die Tabakpflanzen der Sonne ausgesetzt sind und je intensiver das Sonnenlicht während der Wachstumsphase selbst ist, desto öliger und zuckerhaltiger werden übrigens die betreffenden Blätter. Deshalb weisen auch die obersten Blätter einer Tabakpflanze normalerweise den stärksten Geschmack auf.

FERMENTATION UND REIFUNG

Vorsichtiges Trocknen ist unerlässlich, wenn das Blatt beim Rollen flexibel sein soll, während ein längerer Fermentations- und Reifungsprozess für den gewünschten Geschmack der Blätter und das Verschwinden von Unreinheiten wichtig ist. Speziell der Fermentationsprozess sorgt dafür, dass der Teer-, Nikotin- und Säuregehalt des Zigarrentabaks wesentlich niedriger ist als beim Zigarettentabak.

Riechen Zigarren leicht nach Ammoniak, so ist das ein sicheres Indiz dafür, dass sie nicht ordentlich reifen konnten. Grundsätzlich gilt: Je länger die Blätter dem Fermentations- und Reifungsprozess ausgesetzt waren, desto feiner ist später ihr Geschmack.

DAS UMBLATT

Hierfür werden in der Regel zwei Hälften des *Volado*-Blatts vom unteren Ende der Pflanze verwendet. Jenes grobe Blatt wählt man zum einen wegen seiner Stärke, zum anderen, weil sein schwaches Aroma den Geschmack der Einlagemischung kaum beeinflusst.

DIE EINLAGE

Die Einlage macht letztendlich den Geschmack einer Zigarre aus. Auf Kuba werden in der Regel drei verschiedene Blattarten zu einer Einlage herangezogen. Ausnahmen: Bei relativ großen Formaten verwendet man mitunter vier unterschiedliche Sorten, bei kleineren zwei.

In der Mitte der Zigarre ruht immer *Ligero*. Da dieser Tabak von der Spitze der Pflanze langsam brennt, ist er verantwortlich dafür, dass die Zigarre einen insgesamt gleichmäßigen Abbrand hat. So ist der *Ligero* – die Blätter reifen mindestens zwei Jahre – in jeder Hinsicht der zentrale Geschmacksträger einer Zigarre mit vollem Körper.

Zum *Ligero*-Tabak gesellen sich noch *Seco*- und *Volado*-Blätter, wobei Erstere ungefähr achtzehn und Letztere neun Monate reifen. Da die erheblich helleren *Volados* außerdem leichter im Geschmack sind, ergibt sich somit eine ausgewogene Mischung in der Stärke und wird insgesamt eine wirklich angenehme Brenneigenschaft erzielt.

Partagas Corona

Hoyo de Monterrey Corona

Der Anteil der einzelnen Blattsorten an der Einlage macht den Geschmack einer jeden Marke aus. Zigarren mit vollem Körper wie beispielsweise die Partagas enthalten mehr Ligero, während mildere Zigarren, so etwa die Hoyo de Monterrey, einen bedeutend größeren Anteil an Volado und Seco aufweisen.

Bolivar Royal Corona

Der sehr volle Geschmack der kubanischen Bolivar lässt sich darauf zurückführen, dass die Mischung mehr Seco als Volado enthält, ohne einen besonders hohen Anteil an Ligero aufzuweisen.

Hoyo de Monterrey Margarita

Abhängig von der Marke kann bei kleinen bzw. dünnen Zigarren der Anteil an Ligero mitunter ganz fehlen.

Der Geschmack einer Marke muss typisch und konsistent sein, weshalb die Mischung über lange Zeit unverändert bleiben muss. Da sich jedoch die Ernte eines jeden Jahres von vorhergehenden Ernten im Geschmack unterscheiden kann, müssen demnach große Lagerbestände gereifter Blätter aus früheren Ernten zur Verfügung stehen.

EINSTUFUNGEN DER ROLLER AUF KUBA

Von 7 Arbeitsstufen in der Zigarrenfabrik bezeichnen die letzten 4 Stufen die Roller.

STUFE 4

Wenig erfahren. Macht nur Formate bis einschließlich Petit Corona.

STUFE 5

Corona und darüber.

STUFEN 6 UND 7

Letztere beschränkt auf wenige Starroller. Schwierige Sonderformate wie Pyramide.

Die Kunstfertigkeit eines Rollers schlägt sich letztendlich auch im Preis einer jeden Zigarre nieder, weshalb kleinere Formate niedriger im Preis sind als die größeren und ungewöhn-

FERTIGUNG VON HAND

Premium-Zigarren sind durchweg von Hand gemacht, und weil das so ist, kann es, wie bei jeder manuellen Tätigkeit, während des Arbeitsvorgangs natürlich zu Fehlern kommen.

Nicht alle Zigarren einer Marke sind demnach gleich gut in ihrer Qualität, auch wenn sie aus ein und derselben Fabrik stammen. Ein geübter *Torcedor* wird selbstverständlich bessere Zigarren herstellen als einer, der gerade mit dem Rollen begonnen hat. Deshalb ist es auch den erfahrensten *Torcedores* vorbehalten, die größeren Formate herzustellen, also jene Zigarren, die normalerweise über einen vollen Geschmack verfügen (und teurer sind). Die Einarbeitungszeit eines Rollers beträgt übrigens neun Monate – Vorstufe zu einer wahrhaft kunstvollen Tätigkeit.

Eine Zigarre mit einer zu reichlich bemessenen Einlage wird ebenso erbärmlich schlecht ziehen und ebenso häufig neu entfacht werden müssen wie eine von schlechter Machart. Beides beeinflusst natürlich den Geschmack erheblich. Das ist auch dann der Fall, wenn eine Zigarre zu wenig Einlage aufweist. Sie wird zu schnell abbrennen, wodurch sie zu heiß wird und einen rauen Rauch hervorbringt. Zigarren müssen außerdem gut aussehen und sachgemäß gelagert werden. Sorgfältige Qualitätskontrolle in der Zigarrenfabrik wirkt sich daher verstärkt auf das Image – und nicht zuletzt auf den Preis – einer Zigarre aus.

Von Hand gemacht oder maschinell gefertigt?

Zwischen noch so guten maschinell hergestellten Zigarren und handgemachten gibt es einen wesentlichen Unterschied: Für handgemachte Zigarren werden lange Blätter verwendet.

DIE TECHNIK, verschiedene Blätter sorgfältig wie ein Akkordeon der Länge nach zu einer Zigarre zu rollen, kann nur von Hand zufriedenstellend ausgeführt werden. Auch entsteht dadurch jener unsichtbare Kanal, durch den der Rauch glatt hindurchziehen kann. Eine Zigarre, deren Machart keinen glatten Zug gestattet, verursacht nicht nur Frustration beim Rauchen, sondern muss auch häufig neu entfacht werden (was wiederum den Geschmack beeinträchtigt). Zieht die Zigarre hingegen zu leicht, brennt sie zu schnell, wird zu heiß und produziert beißenden Rauch.

»BUCHSEITEN« (»BOOKING«)

In diesem Fall sind die Blätter wie die Seiten eines Buches in der Mitte gefaltet. Leider gibt es nur einen Weg, dies zu überprüfen: Die Zigarre wird der Länge nach mit einem Rasiermesser aufgeschnitten. Ist nach der »Booking«-Methode gearbeitet worden, liegen die Füllblätter nun wie Buchseiten vor den Augen des Betrachters.

DIE BESTEN MASCHINELL GEFERTIGTEN ZIGARREN

Es lässt sich nicht leugnen, dass für einige der besten maschinell hergestellten Marken – wie etwa Bering – lange Einlageblätter verwendet werden. Dennoch können sie nicht ganz mit der Qualität guter handgemachter Zigarren mithalten.

Zu Beginn der neunziger Jahre fingen die Kubaner damit an, bestimmte Havanna-Marken »hand finished« herzustellen, so etwa die Formate der Marke Quintero. Hinter diesem »hand finished« verbirgt sich folgender Herstellungsablauf: Maschinell hergestellte Wickel erhalten ein Deckblatt, das per Hand um die Puppe gerollt wird. Zwar handelt es sich bei den verarbeiteten Deckblättern um wirklich gute Tabakblätter, es werden auch lange Einlageblätter verwendet, doch halten sie dem Vergleich mit handgemachten nicht vollkommen stand. Heute machen die Kubaner Quinteros auch von Hand (was Raucher natürlich sehr verwirren kann).

VERRÄTERISCHE KAPPE

Um den Unterschied zwischen handgemachten und den besten maschinell gefertigten Zigarren herauszufinden, genügt ein Blick auf die Kappe. Die Kappen maschinell gefertigter Zigarren laufen meist spitz zu, anstatt eine glatte Rundung aufzuweisen, während billige Maschinenzigarren oft gar keine Kappe haben.

Paul Garmirian Belicoso

Kappen von Zigarren der Serie »A« von Saint Luis Rey.

Bei Zigarren, deren Kappe, wie beschrieben, nach der »Flag-Methode« gemacht worden sind, muss es sich um handgemachte handeln – und da die Herstellung einer runden Kappe nach besagter Methode ein hohes Maß an Kunstfertigkeit verlangt, gehören Rauchobjekte solcher Art in der Regel zu den besten. Dieses Kriterium ist natürlich nicht auf Sonderformate, wie etwa eine Pyramid oder eine Torpedo, anzuwenden.

DERBES DECKBLATT

Bei maschinell gefertigten Zigarren ist häufig auch die Qualität der Blätter derjenigen handgemachter unterlegen. Das Deckblatt gibt zuverlässig Auskunft: Maschinell gefertigte Zigarren haben meist ein recht derbes Deckblatt mit hervortretenden Adern.

DIE VERPACKUNG

Bei kubanischen Zigarren ist eine Verpackung aus Zellophan als eindeutiges Indiz im Hinblick auf maschinengefertigte Zigarren anzusehen. Hingegen ist dies bei Zigarren, die nicht auf der Tabak- und Zuckerrohrinsel hergestellt worden sind, bei weitem nicht immer der Fall, sind doch einige der besten handgemachten Zigarren, so etwa die Macanudos, in Zellophan gehüllt.

IRRUNGEN UND WIRRUNGEN

Um die Verwirrung noch zu steigern, gibt es, vergleichbar den Quinteros, auch von manchen der bekanntesten kubanischen Marken, so beispielsweise von der H. Upmann und der Punch, sowohl maschinell hergestellte als auch handgemachte Formate. Darüber hinaus sind Formate einiger kubanischer Marken, deren gesamte Blätter einstmals durch die Hände eines *Torcedors* gegangen sind, zwar nach wie vor auf dem Markt, jedoch nur noch in maschinell gefertigter Form. Auch außerhalb Kubas haben gewisse bekannte Marken, wie etwa Dunhill mild und Bances, maschinell gefertigte Zigarren in ihrem Sortiment.

Einige sehr kleine Formate, die durchaus einen berühmten Markennamen tragen, sind ebenfalls maschinell gefertigt. Sie sind daran zu erkennen, dass sie keine Kappen haben und üblicherweise in Pappschachteln verkauft werden. Und ein Format, das bei einigen kubanischen Marken vorkommt und als *Cazador* bezeichnet wird, wird aus jenen Blattresten hergestellt, die beim Zurechtschneiden der Länge anfallen. Daher haben auch diese Zigarren nicht die Qualität von handgemachten.

Meist haben die Blätter, die für maschinell gefertigte Zigarren Verwendung finden, eine mindere Qualität. Dieser Umstand sowie die kostenintensive Herstellung von Hand sind die Hauptgründe für den Unterschied in Qualität und Preis zwischen hand- und maschinengefertigten Zigarren.

Formate

Die große Zahl der Grundformate,
deren Varianten sowie die Fülle der
verschiedenen Bezeichnungen innerhalb der Markensegmente sorgen
in diesem Bereich nicht selten für Verwirrung ...

Links:
Das Ringmaß wird
überprüft.
Rechts:
Formatlineal

DER UMFANG einer Zigarre wird von jeher durch das Ringmaß aus-
gedrückt, welches auf einem Grundmaß von 1/64 Inch beruht.
Hat beispielsweise eine Zigarre ein Ringmaß von 47, so bedeutet dies,
dass ihr Umfang 47/64 Inch beträgt. Ebenso gilt, dass eine Zigarre,
die ein Ringmaß von 64 hat, genau 1 Inch – bzw. 2,54 Zentimeter –
im Durchmesser misst. Die Längen werden normalerweise in Millimeter angegeben.

Avo Pyramid

STANDARDFORMATE

Standardformate sind meiner Meinung nach Corona, Churchill, Double Corona, Lonsdale, Panatela und Robusto. Es gibt hierzu jedoch keine Normen, und alle genannten Formate haben nicht nur zahlreiche Varianten (wie Petit Corona, Corona Extra und Long Panatela), sondern werden eher frei, um nicht zu sagen irreführend angewandt. Einige Marken verwenden Namen wie Churchill, Rothschild oder Corona Grande für Zigarren, die in den Augen von Puristen den Kriterien dieser Formate überhaupt nicht entsprechen. So heißt ein Format der Marke Macanudo zum Beispiel Baron de Rothschild, obwohl es sich eigentlich um eine Lonsdale handelt. Hingegen stehen die Bezeichnungen Robusto und (mitunter) Rothschild für dasselbe Grundformat (eine gedrungene, schnell zu rauchende Zigarre von 5 Inches [127 mm] Länge und dem Ringmaß 50). Ob die Corona, wie oft behauptet wird, als »Grundeinheit« (Länge 5½ Inches ≈ 139,7 mm) gelten kann, sei dahingestellt, obwohl sie sicherlich das Format ist, von dem es die meisten Varianten gibt.

SONDERFORMATE

Es gibt eine ganze Reihe klassischer Sonderformate wie die Pyramid, die zum Brandende hin konisch breiter wird (und deren kubanische Schreibweise *Piramide* ist), ferner die Belicoso (bisweilen Torpedo genannt), schließlich Figurado (die an beiden Seiten zugespitzt ist). Außerdem kommen ein paar ebenso seltene wie interessante Kuriositäten vor, so etwa die Culebra, zu finden beispielsweise im Partagas-Sortiment, wobei es sich im Grunde um drei ineinander verschlungene Panatelas handelt.

Paul
Garmirian
Corona

AUSSERGEWÖHNLICHE FORMATE

Die Ringmaße für handgemachte Zigarren reichen von 26 bis hinauf zu wahren »Monsterzigarren« wie der Jeroboam der Marke Casa Blanca mit einem Ringmaß von 66 (das heißt, ihr Durchmesser beträgt erstaunliche 26,2 mm). Die Länge der Formate liegt zwischen etwas weniger als 4 Inches (101,6 mm) und 10 Inches (254 mm). Eine der wirklich langen Zigarren ist die Ten Downing Street der Marke Royal Jamaica und, natürlich, die bereits erwähnte Jeroboam. Innerhalb dieser Abgrenzungen sind den verschiedenen Kombinationsmöglichkeiten von Länge und Ringmaß keine Grenzen gesetzt.

Normen sind bekanntlich dafür da, nicht beachtet zu werden. So entstand vor dem Zweiten Weltkrieg innerhalb des Sortiments der Marke Henry Clay (damals eine Havanna) für einen indischen Maharadscha die Koh-i-Noor, die größte rauchbare Zigarre, die es jemals gegeben hat, mit einer Länge von 18 Inches (457,2 mm) und dem – bescheidenen – Ringmaß 47 (ca. 18,7 mm Durchmesser). Nicht umsonst erhielt sie den Produktionsnamen Visible Inmenso – ein Format, das später für König Faruk von Ägypten mit einem anderen Mischungsverhältnis als die Schwester-Havanna neu kreiert werden sollte.

Das Format Montecristo A.

MARKEN-SPEZIFISCHE FORMATE

Einige Standardformate wie Gran Corona (Länge 9¼ in ≈ 235 mm; Ringmaß 47 ≈ 18,7 mm) werden eng mit einer ganz bestimmten Zigarre assoziiert, in diesem Fall mit der berühmten Montecristo A. Aus Marketing- oder Produktionsgründen wiederum fügen etliche Marken neue Formate hinzu (oder verzichten darauf). Besagte Montecristo A, inzwischen als Liebling von Industriemagnaten und Stars des Show Business etabliert, wurde dem

Montecristo-Sortiment erst zu Beginn der siebziger Jahre hinzugefügt. In derselben Weise wurde die Marke Cohiba 1992 durch fünf neue Formate ergänzt (der Siglo-Serie), und die Marke Henry Clay (hergestellt in der Dominikanischen Republik) erhielt Ende 1990 sechs neue Formate.

Zigarren der Siglo-Serie.

Cohiba Siglo I

Cohiba Siglo II

Cohiba Siglo III

Cohiba Siglo IV

ANZAHL DER FORMATE PRO MARKE

Die Anzahl der einer Marke zugehörigen Formate kann eine Handvoll betragen (vier bei der Cuaba), aber auch Dutzende umfassen. So wartet beispielsweise die kubanische Marke Partagas mit mehr als vierzig Formaten auf, einschließlich der maschinell gefertigten. Dasselbe gilt für die Romeo-y-Julieta-Havannas. Auch andere Marken wie Punch und Macanudo haben gemäß der Tradition vieler älterer Marken zahlreiche Formate in ihrer Angebotspalette.

Die meisten modernen Marken warten dagegen mit weniger als einem Dutzend Formaten auf. Bei Niederschrift hatte die Marke Trinidad, die offiziell 1998 auf den Markt kam, nur ein einziges Format namens Fundadores (Länge 7½ in = 190,5 mm; Ringmaß 40 ≈ 15,9 mm), das sich jedoch von der nicht auf den Markt gebrachten Version unterscheidet, die zwar dieselbe Länge, aber ein Ringmaß von 38 (≈ 15,1 mm) hat.

Es gibt über vierzig handgemachte kubanische Zigarrenformate (von insgesamt knapp siebzig Formaten, wenn man die maschinell gefertigten dazuzählt). Auf Kuba tragen die meisten Formate fabrikinterne Bezeichnungen, die den handelsüblichen Bezeichnungen nicht entsprechen. Hierzu gehören beispielsweise Julieta No. 2 (Churchill), Laguito No. 2 (Cohiba Coronas Especial), Laguito No. 3 (Panatela), Mareva (Petit Corona) und Prominente (Double Corona).

Es wird Ihnen nicht verborgen bleiben, dass von einigen Marken bestimmte Formate besser gemacht sind als von anderen und dass Geschmack und Qualität der Machart innerhalb eines Sortiments von Format zu Format unterschiedlich sind. Das liegt in der Regel daran, dass viele Hersteller den Drang verspüren, eine vollständige Produktpalette mit allen Formaten anzubieten, obwohl sie besser beraten wären, wenn sie sich auf diejenigen beschränkten, die ihnen am besten gelingen, sei es wegen der Einlage, sei es wegen der Fähigkeiten ihrer Roller.

Cohiba Siglo V

Grundformate handgemachter Zigarren

Es folgt eine Liste jener Grundformate, die normalerweise im Handel sind. Aus den zuvor genannten Gründen gilt diese Tabelle jedoch nur als Richtschnur. Wo zutreffend, stehen die kubanischen Fabriknamen in Klammern.

Name der Zigarre	Länge in Inches (mm)	Ringmass (Durchmesser in mm)
Montecristo A (Gran Corona)	9¼ (≈ 235)	47 (≈ 18,7)
Double Corona (Prominente)	7⅝ (≈ 193)	49 (≈ 19,5)
Especial (Laguito No. 1)	7½ (≈ 191)	38 (≈ 15,1)
Churchill (Julieta No. 2)	7 (≈ 178)	47 (≈ 18,7)
Long Panatela	7 (≈ 178)	36 (≈ 14,3)
Lonsdale (Cervante)	6½ (≈ 165)	42 (≈ 16,7)
Pyramid (Piramide)	6⅛ (≈ 156)	52 (≈ 20,6)
Corona Extra (Corona Gorda)	5⅝ (≈ 143)	46 (≈ 18,3)
Belicoso (Campana)	5½ (≈ 140)	52 (≈ 20,6)
Corona	5½ (≈ 140)	42 (≈ 16,7)
Robusto/Rothschild	5 (= 127)	50 (≈ 19,8)
Petit Corona (Mareva)	5 (= 127)	42 (≈ 16,7)
Panatela (Laguito No. 3)	4½ (≈ 114)	26 (≈ 10,3)
Tres Petit Corona (Perla)	4 (≈ 102)	40 (≈ 15,9)
Tres Petit Corona	4 (≈ 102)	36 (≈ 14,3)
Demi-Torre (Entreacto)	3⅞ (≈ 98)	30 (≈ 11,9)

Hoyo de Monterrey Double Corona: 7⅝ Inches (19,3 cm)

Juan Clemente Especiales: 7½ Inches (19,1 cm)

Saint Luis Rey Churchill: 7 Inches (17,8 cm)

JUAN
CLEMENTE

Casa Blanca Lonsdale: 6¹/₂ Inches (16,5 cm)

Hoyo de Monterrey Corona: 5¹/₂ Inches (14,0 cm)

Romeo Y Julieta Belicosos: 5¹/₂ Inches (14,0 cm)

Cohiba Robusto: 4⅞ Inches (12,4 cm)

Bolivar Petit Corona: 5½ Inches (14,0 cm)

Cohiba Panetela: 4½ Inches (11,4 cm)

Deckblattfarben

Deckblätter gibt es in mehr als sechzig Farbtönen. Auf Kuba beispielsweise haben sie Bezeichnungen wie Clarisimo, Colorado, Colorado encendido, Colorado pajizo, Encendido, Pajizo und Sangre de toro. Um das Ganze zu vereinfachen, kann man jedoch die einzelnen Töne auf sieben Grundfarben reduzieren.

Von hell nach dunkel: Typische Deckblattfarben.

BISWEILEN HERRSCHT die Meinung vor, dass dunkle Deckblätter zwangsläufig auf eine stärkere Zigarre hinweisen, während ein helleres Deckblatt einen weniger vollen Körper umhüllt. Das ist eine Fehlannahme, da der Gesamtgeschmack einer Zigarre von der Einlagemischung beherrscht wird. Einige Hersteller wählen jedoch helle oder dunkle Deckblätter, um jeweils anzuzeigen, dass ihre Marke entweder mild oder voll im Geschmack ist. Je dunkler die Farbe, desto reicher und stärker wird der Geschmack des Deckblatts sein, da es länger dem Sonnenlicht ausgesetzt war als ein Blatt, welches dem Boden näher war – und deshalb einen hohen Öl- und Zuckergehalt aufweist. Womöglich ist es auch länger fermentiert worden. Keiner dieser Faktoren reicht aber aus, um den Gesamtgeschmack einer gut gemachten Zigarre bedeutend zu beeinflussen.

Hier werden Deckblätter nach Farbe, Größe und Beschaffenheit sortiert.

Es folgen nun die sieben wichtigsten Deckblattfarben, und zwar beginnend beim dunkelsten …

OSCURO

Fast schwarz, wird diese Farbkategorie auch unter der Bezeichnung *Negro* geführt. *Oscuro*-Deckblätter stammen vom oberen Ende der Pflanze, haben also mehr Sonne erhalten als andere Blätter, und sind meist einer längeren Fermentationsphase ausgesetzt gewesen. Sie haben ein sehr starkes Aroma, aber fast kein Bouquet.

MADURO

Die sehr dunkle, braunschwarze Färbung der *Maduro*-Blätter erinnert stark an Kaffeebohnen. Mittlerweile führen etliche Marken ein eigenes *Maduro*-Sortiment. Die süßlichen Blätter, die einer höheren Sonneneinstrahlung und einer intensiveren Fermentation ausgesetzt gewesen sind als normalhin üblich, werden vor allem für Zigarren mit vollem Körper verwendet. Auf Kuba sind *Maduros* die traditionellen Deckblätter für Marken wie Partagas und Bolivar – Zigarren also, die gerne von erfahrenen Rauchern bevorzugt werden.

COLORADO MADURO

Jene dunkelbraunen Blätter weisen ein intensiveres Bouquet auf als beispielsweise *Maduro*-Blätter und haben ein weniger starkes, wenn auch reiches Aroma. Die Deckblattfarbe *Colorado Maduro* findet sich bei vielen honduranischen Zigarren.

Eine Auswahl von Zigarren des Formats Pyramide.

COLORADO

Colorado-Deckblätter mit ihrem dunklen bis mittleren rötlichen Braun haben einen bemerkenswerten Duft und ein reiches Aroma. Diese Farbe kennt man von gut gereiften Zigarren, so etwa von einigen klassischen Formaten der Marke Montecristo.

COLORADO CLARO

Oft weisen Deckblätter aus Kamerun jene mittel- bis hellbraune Farbe auf, die typisch für dieses Deckblatt ist.

CLARO

Das blasse Milchkaffeebraun der *Claros* wird oft mit Deckblättern aus Connecticut, die im Schatten gezogen worden sind, und denen einiger kubanischer Marken, etwa H. Upmann, assoziiert. Meist weist *Claro,* auch als *Natural* bezeichnet, auf eine milde Zigarre hin.

DOUBLE CLARO

Die grünlichen Deckblätter sind von sehr mildem, um nicht zu sagen fadem Aroma, weisen darüber hinaus einen geringen Ölgehalt auf, was sie ein wenig spröde macht. Das Blatt wird gepflückt, bevor es ausgereift ist, sehr schnell getrocknet, manchmal über Holzfeuer, in der Vergangenheit sogar über Kerzen, weshalb für diese Farbe manchmal die spanische Bezeichnung *Candela,* »Kerze«, verwendet wird. Jener kurze Trocknungsprozess erlaubt es dem Blatt, reichlich Chlorophyll zu behalten (daher seine grüne Färbung).

Für eine Reihe maschinengefertigter Marken (wie King Edward) sowie einige handgemachte (wie Macanudo Jade) verwendet man *Double-Claro*-Deckblätter.

Die Zigarrenkiste

Für viele Zigarrenliebhaber ist die Zigarrenkiste ein angenehmes Begleitobjekt des Rauchgenusses. Die farbenfrohen Bilder auf der Innen- und Außenseite der Kiste tragen mit ihren historischen Bezügen und den oft ins Auge springenden Randdekorationen zur Sammlerleidenschaft so manchen Rauchers bei.

DAS BESTÜCKEN und Verzieren der Kisten ist die letzte Produktionsphase in der Zigarrenfabrik. Auch die Kisten selbst, von denen es insgesamt um die 30 verschiedene Typen gibt, werden normalerweise in der Fabrik hergestellt. Bevor die Kiste geschlossen und schließlich versiegelt wird, versieht man sie in der Regel mit einem farbig bedruckten (gewachsten) Schutzblatt, das die Zigarren abdeckt.

Oben *und* **rechts:** *Zigarrenkisten – des Aficionados Objekte der Begierde.*

ZEDERNHOLZ

Da sich Spanische Zeder hervorragend zur Lagerung von Zigarren eignet, wird sie demnach bevorzugt verwendet, um hieraus Zigarrenkisten herzustellen. Das leicht poröse Zedernholz erlaubt den Zigarren, ihre Feuchtigkeit zu behalten und langsam weiterzureifen – vorausgesetzt, die Kiste ist richtig gelagert. Jedenfalls nehmen Zedernholzkisten, die unter entsprechenden Feuchtigkeitsbedingungen auf Lager gelegt werden, in hervorragender Weise die umgebende Luftfeuchtigkeit auf. Vor der Einführung von Zigarrenkisten wurden Zigarren einzeln oder in Bündeln verkauft, wobei man die Bündel oft mit Palmblättern oder Schweineblasen abdeckte.

DIE ERSTEN KISTEN

Die erste Zigarrenkiste in der Form, wie sie heutzutage bekannt ist, wurde 1830 eingeführt, jedoch nicht von Zigarrenherstellern, sondern von Bankern. Die Bank – ihr Name: Upmann – hatte ihren Hauptsitz in London, und ihre Vertreter auf Kuba schickten dem Vorstand regelmäßig Havannas. Für den Transport wählten sie Zedernholzkisten, die auf ihren Deckeln das Logo der Bank trugen.

Als Herman Upmann 1844 zu dem Schluss kam, dass der neue Erwerbszweig Zigarrenhandel lukrativ zu werden versprach, hatten auch schon andere kubanische Marken die Zedernholzkiste eingeführt. Um 1850 war sie dann zur gängigen Verpackungsform geworden.

Heute wird die Zedernholzkiste für fast alle handgemachten Marken verwendet, wobei eine Kiste, die nicht dekoriert ist, bisweilen als *Boite nature* bezeichnet wird, also mit dem Attribut »naturbelassen« bzw. »unbehandelt« versehen ist.

DIE VERZIERUNGEN

Ramon Allones, der aus dem spanischen Galizien nach Kuba einwanderte und eine Marke mit seinem Namen 1837 auf den Markt brachte, hatte als Erster die Idee, die Zigarrenkisten mit Lithographien zu verzieren. In der Mitte des 19. Jahrhunderts hatten die bunten Verzierungen jedoch auch jenseits der reinen Dekorationsabsicht große Bedeutung gewonnen. Da die Zigarrenherstellung mittlerweile eine aufstrebende Industrie war, die immer mehr Marken hervorbrachte, erachteten es die Havanna-Fabriken als notwendig, dass sich ihre jeweiligen Marken auch äußerlich von anderen absetzten. Somit bot sich die Aufmachung der Zigarrenkisten als wesentliches Unterscheidungsmerkmal an.

Heutzutage bergen die buntesten Kisten die Havanna-Marken El Rey del Mundo, Ramon Allones, Romeo y Julieta und Saint Luis Rey, während die *Vista* der H.-Upmann-Kisten eine Reihe von Münzen zeigt – was angesichts des Ursprungs der Marke nicht weiter verwundert.

Einige Havanna-Marken wie Cohiba und Montecristo verwenden dagegen sehr schlichte Logos, was ebenso für manche nichtkubanische Marken gilt, so beispielsweise für Ashton, Avo, C.A.O., Davidoff (auch die ehemalige kubanische) und für die Pleiades. Einfache Logos sind überhaupt der Trend bei moderneren Marken, insbesondere bei solchen, die zu den absoluten Premium-Marken zu zählen sind.

NICHT DEKORIERT

Es gibt auch Zigarrenkisten, auf Kuba *Corredearas* genannt, die ohne jede Verzierung auskommen und lediglich mit einer Firmenprägung versehen sind. Dann wiederum finden sich Zigarren, darunter etliche Formate der Marke Cohiba, die in lackierten Boxen verkauft werden, während Havannas, meist maschinell hergestellte, auch in Pappschachteln zu haben

Das Logo der Cohiba.

sind, und zwar im Fünfer-, seltener im Dreierpack. Für einzeln angebotene Zigarren verwendet man dagegen gerne Aluminiumröhren, die in der Regel mit einem Zedernholzblatt ausgekleidet sind und häufig großformatige Zigarren beherbergen. Selbst in Glasgefäßen werden (vor allem maschinell gefertigte) Exemplare angeboten, darunter beispielsweise kubanische »Country cigars«, die zwar handgerollt sind, aber aus einer Kurzblattfüllung bestehen und für deren Herstellung Tabake aus den weniger guten Anbaugebieten Kubas Verwendung finden.

Eine spezielle Verpackungsform mit langer Tradition verbirgt sich hinter dem Zahlenkürzel »8-9-8«. Insbesondere Havanna-Formate des Ramon-Allones- und des Partagas-Sortiments sowie die der Medaille-d'Or-Serie der Marke La Gloria Cubana werden in jenen polierten Kisten verpackt, deren Kanten abgerundet sind (und deren Herstellung aufwendiger als bei den normalen Kisten ist, was sich natürlich im Preis niederschlägt). Solch eine 8-9-8-Kiste enthält 25 Zigarren, die in drei Schichten angeordnet sind.

Rechts:
Zigarren-
hülsen für
alle Anlässe.

Um sich von den zahlreichen anderen Marken abzusetzen, sind einige Hersteller auch dazu übergegangen, neue Verpackungsformen zu probieren, so etwa Nat Sherman, der seine Fifth Avenue Selection in einem trommelförmigen Behälter verkauft.

SIEGEL, STEMPEL UND CODES

Ist die Kiste mit handgemachten Zigarren gefüllt und die Endkontrolle abgeschlossen, wird sie in der Regel mit einem dünnen Metallstift zugenagelt, bis sie fest schließt, und mit einem Siegel versehen (meist ersetzt durch einen Aufkleber). Bei etlichen handgemachten Marken verwendet

Garantie-siegel.

man, der Tradition folgend, ein buntes Siegel, welches die Echtheit garantiert.

Bei den kubanischen Marken wurden 1912 die individuellen Markensiegel durch ein in Grün und Weiß gehaltenes Standardsiegel der Regierung ersetzt, mit dem die Echtheit der Havannas garantiert wird. Es hat die Aufschrift »CUBAN GOVERNMENT'S WARRANTY FOR CIGARS EXPORTED FROM HAVANA – REPUBLICA DE CUBA – Sello de garantia nacional de procedencia«, während der untere Rand des Aufklebers mit jeweils einer Übersetzung des ersten Satzes in Französisch und in Deutsch abschließt. Darüber hinaus befinden sich auf dem äußeren Boden solch einer Kiste drei Prägedrucke in Schwarz: »HECHO EN CUBA« und »Totalmente a mano« sowie »Habanos S.A.«, so der Name der staatlichen Gesellschaft in Sachen Tabak. Ein Stempel in Blau, der seit Anfang 1999 aus sechs bzw. sieben Buchstaben besteht, verweist auf die Fabrik, in der die Zigarren hergestellt, sowie auf den Monat, in dem sie verpackt worden sind. Schließlich findet sich seit 1994 auf dem Deckel einer jeden Havanna-Kiste (meist über ein oberes Eck) ein Klebestreifen mit Siegelfunktion, auf dem der in zwei Rottönen gehaltene Schriftzug »Habanos« zu sehen ist, ergänzt durch ein stilisiertes Tabakblatt.

Bliebe noch zu erwähnen, dass auf manchen Kisten und Aluminiumröhren ein Jahrgangsdatum (»Vintage«) angebracht ist. Das bezieht sich jedoch nicht, wie manchmal angenommen wird, auf das Jahr der Herstellung, sondern auf das der Tabakernte.

Die Bauchbinde

Vor der Endkontrolle sowie dem Verschließen und Versiegeln der Kisten werden an den Zigarren die Bauchbinden angebracht. Hierbei handelt es sich um eine Aufgabe, die große Geschicklichkeit erfordert. Die Bauchbinde wird mit einem pflanzlichen Leim festgeklebt, wobei darauf geachtet werden muss, dass kein bisschen Klebstoff an die Zigarre gerät. Außerdem muss die Gesamtheit der Bauchbinden in der Kiste eine gerade Linie bilden, um somit die Qualität der Zigarren augenscheinlich zu machen.

HERKUNFT

Die Herkunft der Bauchbinde ist sagenumwoben. Eine Theorie lautet: Die Bauchbinden sind deshalb eingeführt worden, weil europäische Raucher bittere Klage über die Nikotinflecken auf ihren weißen Glacéhandschuhen führten. Einer anderen Theorie zufolge wurden die Bauchbinden zunächst verwendet, um schlecht gemachte Zigarren zusammenzuhalten. Wahrscheinlich trifft keine der beiden Theorien zu – auf jeden Fall nicht die letztere, da bisher wohl kaum eine Bauchbinde dazu herhalten musste, die schlechte Qualität einer Zigarre zu kaschieren.

Allgemein herrscht Einigkeit darüber, dass es Gustavo Bock war, der im Jahre 1850 die Bauchbinden einführte. Der gebürtige Holländer war, lässt man die Spanier einmal außer Acht, einer der ersten Europäer, die sich auf Kuba niederließen, um dort im Zigarrengeschäft ihr Glück zu versuchen. Wie die zahlreichen Aufkleber und *Vistas* sollten auch die Bauchbinden dazu beitragen, die vielen Havanna-Marken voneinander abzuheben, um sie besser vermarkten zu können.

PERSÖNLICHE BAUCHBINDEN

Die Zahl der verschiedenen Bauchbinden wuchs nahezu ins Unermessliche. Darunter gab es auch solche, die mit dem Konterfei des jeweiligen Bestellers bedruckt waren. Auch diese Art Bauchbinden fand immer mehr Verbreitung, vor allem in den Vereinigten Staaten. Romeo y Julieta war übrigens die erste kubanische Marke, bei der das Konzept jener personalisierten Bauchbinde aufgegriffen wurde. Diese Idee gefiel zahlreichen wohlhabenden Rauchern, so etwa dem Pianisten Arthur Rubinstein. Daneben blickte so mancher Raucher beim Öffnen einer Zigarrenkiste auf das Porträt des englischen Königs Edward VII. oder auf das des deutschen Kanzlers Otto von Bismarck. Nach der Revolution wurde dann auf Kuba das Herstellen personalisierter Bauchbinden untersagt.

Die Bauchbinden alter etablierter Marken sind in der Regel kunstvoll gestaltet, während die modernen Marken dazu neigen, ihren Bauchbinden schlichte Eleganz angedeihen zu lassen.

Bei einer ganzen Reihe von Marken finden auf den Bauchbinden verschiedene Designs Verwendung, während andererseits das jeweilige Grundlogo variiert wird. Dazu gehören beispielsweise die Double Corona von Hoyo de Monterrey und die Churchill der Marke Romeo y Julieta.

Dunhill Peravias

Dunhill Panetela

Verschiedenfarbige Bauchbinden kennzeichnen nicht selten unterschiedliche Herkunftsländer bzw. bestimmte Sortimente einer Marke, so etwa zu sehen bei Nat Sherman und Dunhill. Waren beispielsweise die Bauchbinden der ehemaligen Havannas von Dunhill in Rot gehalten, tragen heute die dominikanischen Zigarren der britischen Nobelmarke blaue und die von den Kanarischen Inseln braune Bauchbinden.

Nat Sherman verwendet ein Uhren-Logo mit verschiedenen Hintergrundfarben, um das jeweilige Sortiment zu kennzeichnen.

Nat Sherman Chelsea

Zigarren, die als »Cabinet Selection« verkauft werden, haben von jeher keine Bauchbinde. Sie werden normalerweise in tiefen Zedernholzkisten angeboten, in denen sich fünfzig Zigarren befinden, lose angeordnet und mit einem Seidenband zu einem »Halbrad« zusammengefasst. Diese Verpackungsform geht auf die Zeit vor Einführung der Bauchbinde zurück.

   In Sachen ehemaliger Bauchbinden existiert eine rege Sammlertätigkeit. Die Preise, die für die meisten Bauchbinden erzielt werden, sind mittlerweile eher niedrig, da die Sammelobjekte weit verbreitet und somit leicht zu bekommen sind. Ausnahmen bilden Bauchbinden einiger klassischer Marken, die heute nicht mehr hergestellt werden.

   Es gibt keinen Grund, die Bauchbinde zu entfernen. Sollten Sie aber trotzdem die Absicht hegen, so warten Sie damit, bis Sie die Zigarre zwei bis drei Minuten lang geraucht haben. Wollen Sie nämlich die Bauchbinde vor dem Rauchen entfernen, kann das Deckblatt leicht beschädigt werden. Warten Sie jedoch die kurze Zeit ab, wird der Leim durch die Hitze, welche die Zigarre entwickelt, aufgelöst, worauf die Bauchbinde leichter zu entfernen ist.

Das Rauchen der Zigarre

*Bevor der Connaisseur eine handgemachte Zigarre genießt,
muss er ein klein wenig Arbeit investieren …*

ZUNÄCHST IST ES NOT-
WENDIG, den Kopf der
Zigarre anzuschneiden. Hier
bietet sich eine ganze Reihe
von Methoden an. Man kann
ein scharfes Messer, gar die
Fingernägel dafür benutzen,
doch verwendet die weitaus
größte Zahl der Zigarren-
raucher einen Anschneider.
Für welches »Instrument« Sie
sich auch entscheiden: Es
muss scharf sein, damit der schnelle Schnitt sauber und
eben durchgeführt werden kann, wobei darauf zu
achten ist, das untere Ende der Zigarre nicht
zu verletzen, da ansonsten das Deckblatt Schaden nehmen könnte.
Nach dem Anschnitt
sollten ungefähr
3 bis 6 Milli-
meter Kappe
übrig bleiben.

*Die besten Zigarren geben sich anhand ihres Brandverhaltens zu erkennen: Sie
hinterlassen einen dünneren Ascherand am Brandende als solche minderer Qualität.
Ein mittelgroßes Format (wie eine Corona) sollte ungefähr eine halbe Stunde
halten. Größere Zigarren können leicht eine Stunde oder länger Rauchgenuss
liefern. Wählen Sie also ein Format, welches der Ihnen zur Verfügung stehenden
Zeit entspricht.*
*Jede gute handgemachte Zigarre sollte langsam und gleichmäßig abbrennen. Ent-
sprechend gereifte und ältere Zigarren (vorausgesetzt, sie wurden mit Sorgfalt
gelagert) lassen sich leichter rauchen als jüngere.*

Figurados

*Falls Sie sich für eine Figurado, etwa eine Cuaba,
entschieden haben, verlangt solch ein Format eine
eigene Technik des Anzündens. Die Kappe sollte auf
normalem Wege angeschnitten, aber das kleine Brandende muss nicht zuvor erwärmt werden. Halten Sie
die Flamme an die Zigarre und paffen Sie sanft. Die
Zigarre sollte sich sehr schnell entzünden, dann nämlich, wenn das zugespitzte Deckblatt anfängt zu brennen. Sobald die Zigarre über den zugespitzten Teil am
Brandende hinaus entfacht ist, wird sie schnell abbrennen wollen. Daher muss eine Figurado unbedingt
langsam geraucht werden.*

Cuaba Generosos

*Einige Raucher bevorzugen es, die Längsseite
der Zigarre vor dem Anzünden zu erwärmen.
Diese (Un)Sitte geht auf einen Brauch zurück,
der vor rund eineinhalb Jahrhunderten in
Sevilla üblich war.*

*Die Technik des Anzündens demonstriert auf
dieser und den nächsten Seiten Edward
Sahakian vom Londoner Davidoff-Geschäft.*

Stippen Sie Ihre Zigarre nicht in Port oder Brandy,
auch nicht in andere Weine oder Spirituosen. Dadurch wird das
delikate Aroma zerstört, das vielleicht ursprünglich der Grund für die
Wahl der Zigarre war. Trinken Sie Ihren Drink separat. Auch sollten
Sie niemals einer anderen Person die Zigarre anzünden. Ein seriöser
Zigarrenraucher wird niemandem solch eine Tat danken.

ERNEUTES ANZÜNDEN EINER ZIGARRE

Machen Sie sich keine Sorgen, wenn Ihre Zigarre einmal ausgeht.
Das kann passieren, insbesondere dann, wenn die zweite Hälfte der
Zigarre angefangen wurde. Die Zigarre kann auch ausgehen, wenn sie
schlecht gemacht ist und folglich nicht ordnungsgemäß zieht.

Geht die Zigarre aus, so klopfen Sie sanft dagegen, damit die Asche abfällt. Bringen Sie nun die Flamme an den äußeren Kranz des Brandendes, um den Rand des Deckblatts abzubrennen. Blasen Sie durch die Zigarre, um abgestandenen Rauch aus der Füllung zu entfernen. Entfachen Sie die Zigarre nun auf dieselbe Weise wie eine neue. Auch wenn die Zigarre ein paar Stunden ruht, bevor sie neu entfacht wird, gibt sie noch immer einen passablen Smoke ab. Zigarren mit großem Ringmaß bleiben sogar noch länger rauchbar.

Streifen Sie nicht, wie bei einer Zigarette, immer wieder die Asche ab. Die Asche sollte eine Art Zylinder bilden (je fester und regelmäßiger, desto besser die Machart). Sie werden es bemerken, wenn die Asche bereit ist abzufallen. Je nach Format und Qualität ist dieser Zeitpunkt erreicht, wenn die Asche ungefähr zweieinhalb Zentimeter lang ist. Seien Sie kein »Macho«: Setzen Sie nicht Ihren Ehrgeiz in das Erhalten einer langen Asche, denn das hat keinerlei Vorteil. Sie kann im Gegenteil den Zug beeinträchtigen.

Guillotinen gibt es mit einfacher und mit Doppelklinge. Klein und problemlos mit sich zu führen, werden diese Anschneider in allen Formen angeboten: Die Bandbreite reicht von äußerst preiswerten Exemplaren aus Kunststoff bis zu sündhaft teuren, die dann schon als Schmuckstücke durchgehen. Wirklich wichtig bei einem Anschneider ist, neben einer scharfen Klinge, die Handhabung.

Zigarrenscheren, die oft in Restaurants benutzt werden, sind nicht so leicht mit sich zu tragen wie eine Guillotine. Etwas gewöhnungsbedürftig, sind sie jedoch bei richtiger Anwendung sehr wirkungsvoll.

Sollten Sie einmal Ihre Fingernägel gebrauchen müssen, so knipsen Sie einfach das oberste Ende der Kappe ab. Bohren Sie kein Loch hinein. Durch diese Methode, welche die Einlageblätter freilegt, wird der Tabak zusammengedrückt, wodurch eine Schädigung des Rauchkanals erfolgt, was wiederum eine Überhitzung der Zigarre beim Rauchen hervorruft. Ebenso verhält es sich mit Anschneidern, die einen V-Schnitt produzieren.

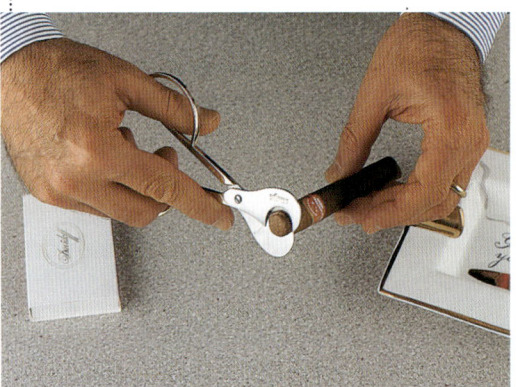

Das Anschneiden der Zigarre gehört unbedingt zum Rauchritual: Vollziehen Sie es mit Sorgfalt. Eine schlecht angeschnittene Zigarre wird Ihr Vergnügen mindern und zu Frustrationen führen, sobald der Zug nicht richtig funktioniert.

DAS ANZÜNDEN

Beim Anzünden einer Premium-Zigarre ist vor allem eine geruchlose Flamme wichtig. Des Weiteren ist zu empfehlen, sich Zeit zu lassen.

Ein Gasfeuerzeug sollten Sie einem Benzinfeuerzeug stets vorziehen. Auch ein normales Streichholz erfüllt den Zweck, wenn Sie es zunächst ein wenig abbrennen lassen, damit kein Schwefel mehr vorhanden ist. Vermeiden Sie Zündhölzer aus Wachs, auch solche mit hohem Schwefelgehalt, da durch sie das Aroma der Zigarre beeinträchtigt wird.

Viele Zigarrenhändler verkaufen
lange, langsam brennende Zündhölzer, die besonders für Zigarren
geeignet sind. Es gibt auch spezielle
Zigarrenfeuerzeuge mit einstellbaren
Flammen, die breiter als normal sind,
sowie solche mit zwei Flammen.

Auch wenn Sie noch so begierig sind, in
den wohlverdienten Rauchgenuss zu kommen, sollten Sie nichts überstürzen. Das
sachgemäße Anzünden der Zigarre ist eine
besondere Kunst, die als Teil des Rauchgenusses zelebriert werden will. Eine
schlecht angezündete Zigarre ist einfach
nicht so genussvoll wie eine mit Sorgfalt
und Geduld entfachte.

1 Zum Anzünden wird die Zigarre zuerst waagerecht in der Hand gehalten, nicht im Mund. Bringen Sie Zigarre und Flamme in direkten Kontakt und drehen Sie die Zigarre, damit das Brandende gleichmäßig entfacht wird.

2 Blasen Sie das Brandende nun sanft an, bis es glüht. Dieser Vorgang bewirkt, dass die Zigarre ebenmäßig brennt.

3 Nehmen Sie nun die Zigarre so waagerecht wie möglich zwischen die Lippen. Halten Sie die Flamme kurz vor das Brandende und ziehen Sie langsam, während Sie die Zigarre vorsichtig mit den Fingern drehen. Nach zehn bis fünfzehn Sekunden wird sie sich ordnungsgemäß entzündet haben. Um sicherzustellen, dass sie ebenmäßig brennt, sollten Sie das entfachte Brandende nochmals leicht anblasen.

ZUM RAUCHEN BEREIT

Sie sollten langsam rauchen, ohne zu inhalieren. Sobald Sie inhalieren, wird der Rauch, der nicht nur aromatisch, sondern auch alkalisch ist, Husten auslösen. Lassen Sie stattdessen den Rauch im Mund zirkulieren. Ziehen oder paffen Sie nicht zu oft, wenn Sie nicht möchten, dass sich die Zigarre überhitzt (was das subtile Aroma ruinieren würde). Legen Sie zwischen den Zügen

kleine Pausen ein. Genießen Sie Ihre Zigarre und achten Sie darauf, dass der Kopf nicht zu nass wird.

VERLÖSCHEN DER ZIGARRE

Sobald sich während des Rauchens ein starker Nachgeschmack bildet und der Rauch relativ heiß wird, ist die Zeit der Aufgabe gekommen – was in diesem Fall meist dann geschieht, wenn beim Abbrand der Zigarre der Abstand bis zur Bauchbinde noch etwa zweieinhalb Zentimeter beträgt.

Legen sie dann die Zigarre einfach in einen Aschenbecher, wo sie nach relativ kurzer Zeit von selbst ausgeht.

Die Auswahl der Zigarre

Bolivar Royal Corona

Saint Luis Rey Regios

Partagas Shorts

Einige kubanische Marken wie Bolivar, Saint Luis Rey und Partagas haben ein volles Aroma.

Hier handelt es sich um eine absolut individuelle Angelegenheit. Sie ist vor allem abhängig von Ihren persönlichen Präferenzen hinsichtlich Format und Aroma.

DIE ABSOLUT BESTE Zigarre gibt es nicht – nur solche Zigarren, die Sie mögen, und solche, die Ihnen gleichgültig sind. Zunächst einmal sollten Sie sich nicht scheuen, verschiedene Marken und Formate auszuprobieren. Es gibt keinen besseren Weg, Zigarren kennen zu lernen, und je bestimmter Sie wissen, was Sie nicht mögen, desto größer wird Ihre Wertschätzung für die Zigarren, die Ihnen behagen. Wenn Sie Zigarren vergleichen möchten, sollten Sie unbedingt die Tageszeit berücksichtigen und bedenken, ob Sie gerade eine Mahlzeit zu sich genommen haben und in welcher Stimmung Sie sind. Es lässt sich nur etwas miteinander vergleichen, wenn jeweils (nahezu) identische Bedingungen vorherrschen. Bei Zigarren ist das nicht anders.

Das Zigarrendepot von Harrods in London.

Cohiba Exquisito

Cuaba Divinos

Bei der Wahl Ihrer Zigarre sollten Sie eine Reihe von Faktoren in Erwägung ziehen. Dabei sind Herkunftsland, Marke und Format wichtig, und Aussehen sowie Bouquet (der Geruch der Zigarre, vor allem der des Deckblatts) sind zu prüfen. Während des Rauchens zählen Aroma und Brandverhalten. Der Zug (der einiges über die Qualität der Machart verrät) sollte leicht sein, der Rauch nicht zu heiß oder beißend und die Zigarre nicht beständig neu entfacht werden müssen.

Dunhill Romanas

HERKUNFTSLAND UND MARKE
Es mag als eine Selbstverständlichkeit gelten, sei hier aber dennoch betont: Unterschiedliche Marken weisen unterschiedliche Aromen auf, bedingt durch ihre jeweiligen Einlagemischungen. Auch haben die Blätter aus verschiedenen Ländern eine jeweils eigene Qualität.

Excalibur No. IV

Montecristo No. 5

Marken wie Cohiba, Cuaba und Montecristo (Kuba), Dunhill und Paul Garmirian (Dominikanische Republik) sowie Excalibur (Honduras) verfügen über ein Aroma, das als mittel bis voll beschrieben werden kann.

Paul Garmirian Corona

Arturo Fuente Petit Corona

Avo No. 2

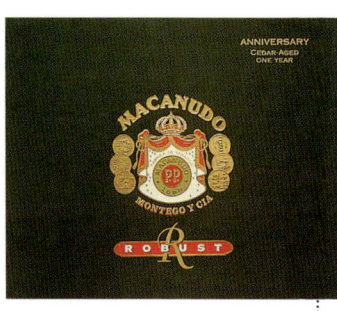

Joya de Nicaragua Elegante

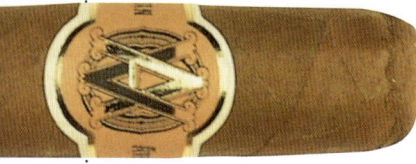

Marken wie Arturo Fuente, Avo, Joya de Nicaragua, Davidoff sowie die kubanischen Romeo Y Julieta und Punch sind von mildem bis mittlerem Aroma. Insgesamt wird die Klassifizierung dadurch erschwert, weil sich bestimmte Produktlinien in ihrer Einlagemischung

Davidoff Double R

von dem übrigen Sortiment abheben, so etwa die Linie »Robust« von Macanudo, die mit einem recht vollen Aroma aufwartet.

Romeo Y Julieta Exhibición No. 4

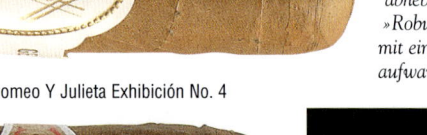

Punch Double Corona

Roller in einer dominikanischen Zigarrenfabrik.

Im Zusammenhang mit dem Herkunftsland ist besonders hervorzuheben, dass alle Havannas aus kubanischem Blatt sowie überwiegend von mittlerem bis vollem Körper sind.

Zigarren aus der Dominikanischen Republik, Honduras, Jamaika und Mexiko bestehen normalerweise aus Blättern verschiedener Herkunftsländer, wobei oft im Schatten gezogene Deckblätter aus Connecticut, aber auch solche aus Kamerun, Sumatra und anderen Gebieten Verwendung finden. Darüber hinaus greift man für viele Marken, die in den USA, Honduras und der Dominikanischen Republik hergestellt werden, auf Blätter aus kubanischen Saaten zurück. All diese Faktoren verbieten es, die Zigarren aus einem bestimmten Land hinsichtlich ihres Aromas einer bestimmten Kategorie zuzuordnen.

Macanudo Duke of Devon

Pleiades Orion

Royal Jamaica Double Corona

Ashton No. 40 Maduro

Rafael Gonzalez Très Petit Lonsdale

H. Upmann Pequenos No. 100

Zigarren mit überwiegend mildem Aroma sind etwa Macanudo, Pleiades, Royal Jamaica, Ashton sowie die kubanischen Marken Rafael Gonzalez und H. Upmann.

Die Suche nach dem richtigen Format

Zigarren mit größeren Ringmaßen (Corona und darüber) werden normalerweise von den erfahrensten Rollern hergestellt. Da diese Formate außerdem mehr Tabak pro Millimeter enthalten, sind sie in der Regel besser gemacht und bieten einen langsameren und gleichmäßigeren Rauchgenuss als die kleineren Formate einer bestimmten Marke.

Allgemein ist davon auszugehen, dass Zigarren mit großen Ringmaßen diejenigen mit dem vollsten Aroma innerhalb einer Marke bzw. Produktlinie sind, weil sie weniger *Volado* und mehr *Ligero* in der Einlagemischung aufweisen. Beim Vergleich unterschiedlicher Marken kann diese Richtlinie jedoch nicht als Maßstab gelten. Kleinere Formate einer Marke haben dagegen, wenn überhaupt, relativ wenig *Ligero*-Anteil.

Punch Petit Corona

Sofern sie Zeit und Muße haben, bevorzugen erfahrene Raucher oft die größeren Formate ihrer Lieblingsmarken, da sie in der Regel besser gemacht sind. Womit aber sollte der Anfänger beginnen? Meiner Meinung nach sollte man mit recht kleinen Formaten wie einer Petit Corona (Mareva) von einer Marke beginnen, die relativ mild ist, um dann langsam zu größeren Formaten wie einer Corona und einer Lonsdale vorzudringen. Andererseits gibt es keinen Grund, warum jemand nicht direkt einer Robusto, gar einer Churchill den Vorzug gibt, wobei es sich allerdings um eine milde Zigarre handeln sollte.

Da Sie sicherlich in unterschiedlichen Situationen das Bedürfnis verspüren werden, die jeweils passende Zigarre zu rauchen, lohnt es sich, einen Vorrat verschiedener Formate und Stärken anzulegen. Viele Raucher bevorzugen es, den Tag beispielsweise mit kleinen oder milden Zigarren zu beginnen, um sich solche mit vollerem Körper für den Nachmittag und den Abend oder als »After Dinner Smoke« aufzuheben. Für einen kurzen, aber heftigen Rauchgenuss nach einem schweren Mittagessen ist eine Robusto (Rothschild) zu empfehlen. Nach dem Abendessen oder einem opulenten Mahl ist dann eine große Zigarre mit vollem Körper durchaus angebracht.

Solch eine Zigarre (eine Double Corona oder eine Churchill beispielsweise) empfiehlt sich dagegen nicht für den Genuss vor einer Mahlzeit. Sie würde nicht nur den Appetit verringern, sondern auch den Geschmack am Essen und vor allem am Wein mindern. Auf der anderen Seite kann eine Zigarre mit vollem Körper den Genuss an einem Portwein, Whisky oder Brandy fördern. Letztlich hängt es von Ihrem persönlichen Geschmack ab, ob Sie nach der Mahlzeit eine milde oder kleine Zigarre bevorzugen. Keinen Sinn macht es allerdings, einer starken Zigarre eine milde folgen zu lassen.

Welches Format ist nun das richtige? Die Antwort soll ein altes kubanisches Sprichwort geben, das besagt: »Wer auf die dreißig zugeht, sollte das Ringmaß dreißig wählen, wer sich den fünfzig nähert, sollte eine Zigarre mit Ringmaß fünfzig rauchen.« Dennoch: »Das beste Format« gibt es nicht!

ERSCHEINUNGSBILD UND BOUQUET

Beim Kauf nimmt man die Zigarre(n) zunächst einmal genau in Augenschein. Das Deckblatt sollte einen leichten Glanz haben, unbeschädigt sein und nicht durch hervortretende Adern auffallen. Eine Zigarre, deren Deckblatt wie auch immer beschädigt ist, ist unbedingt zurückzuweisen. Es darf weder spröde noch trocken sein.

Scheuen Sie sich auch nicht, die Zigarre leicht zu befühlen: Sie sollte sich weder zu weich noch zu fest präsentieren. Eine zu weiche Zigarre weist eine für das betreffende Format zu gering bemessene Einlage auf und wird zu schnell brennen, eine zu feste schlecht ziehen.

Beschnuppern Sie nun die Zigarre. Sie sollte einen angenehmen Duft haben, der zwar subtil sein kann, aber merklich präsent sein sollte. Ist dies nicht der Fall, weist das – außer bei sehr dunklen Zigarren und bei grünlichen (Double Claro) – auf eine schlechte Lagerung hin. Macht sich dagegen Ammoniak bemerkbar, hat entweder keine ordentliche Fermentation stattgefunden oder war die Reifezeit zu kurz.

Rollen Sie auf gar keinen Fall die Zigarre in den Fingern, wobei Sie sie neben Ihr Ohr halten! Diese schlechte Sitte wird im Zigarrenhandel verächtlich als »Lauschen« bezeichnet und Sie als kompletten Anfänger ausweisen. Außerdem erfahren Sie dadurch nichts über die Zigarre (die im Übrigen Schaden nehmen kann).

Zwar kann mitunter das Deckblatt Auskunft über das Aroma geben, doch entscheidend hinsichtlich des Geschmacks und der Stärke ist, wie erwähnt, vor allem die Einlage. Auch wenn die Hersteller häufig die Deckblattfarbe als Indikator dafür nehmen, ob eine Zigarre mild, mittel oder voll im Körper ist, so lässt sich daraus keine generelle Richtlinie ableiten. Gewöhnlich weisen dunkle Deckblätter auf einen volleren Körper hin, während hellere (vor allem Connecticut Shade) einen milderen Rauchgenuss erwarten lassen.

ZIGARREN FÜR FRAUEN

Welche Zigarren sollten Frauen rauchen? Die schlichte Antwort: dieselben wie Männer! Mit anderen Worten: Sie sollten rauchen, was ihnen schmeckt und wobei sie sich wohl fühlen. Die eine oder andere Frau, welche dieses Buch liest, ist vielleicht im Zigarrenrauchen noch recht unerfahren. In diesem Fall sollten Sie mit einer milden Zigarre und einem eher kleinen Format (etwa einer Panatela) beginnen. Nicht zu empfehlen ist dagegen ein sehr kleines Format, da Sie auf diese Weise sicherlich keinen Eindruck davon gewinnen werden, was seriöses Zigarrenrauchen ausmacht.

Wenn Sie sich mit den kleineren Formaten vertraut gemacht haben, sollten Sie sich an Formate bis Ringmaß 42 wagen, also beispielsweise eine Corona, eine Especial, eine Long Panatela oder eine Lonsdale wählen.

Der richtige Drink zur Zigarre

Wie zum Essen der richtige Wein gehört, so sollte auch zur Zigarre ein passendes Getränk gewählt werden. Während hierzu die Regel besagt, dass es keine Regeln gibt, stellt sich nach einigem Experimentieren schließlich heraus, dass bestimmte Kombinationen besser sind als andere. Zunächst einmal ist eine gewisse Balance wichtig, sollte also weder Zigarre noch Getränk über die Maßen präsent sein.

ALLGEMEIN SIND stärkere Getränke mit vollerem Körper den leichteren vorzuziehen, aber auch Ort und Zeit haben keinen geringen Einfluss auf den Gesamtgenuss. Nach einem langen, heißen Sommertag kann durchaus ein kühles Bier, begleitet von einer kleinen Zigarre, perfekt sein. Insgesamt sollte darauf geachtet werden, ob Zigarre und Getränk harmonieren.

Zigarren und Cognac gelten mittlerweile so sehr als klassische Kombination, dass der Cognac-Produzent Martell jahrelang mit einem korpulenten Herrn warb, der in der einen Hand einen Cognac-Schwenker und in der anderen eine Zigarre hielt. Heute, da weder die Figur des Herrn noch die des Glases sehr in Mode sind, steht die Firma nicht mehr so recht zu ihrer alten Werbung. Dennoch besteht kein Zweifel darüber, dass sich Zigarren und Cognac gut ergänzen. Idealerweise sollten die Zigarren einen vollen Körper haben. Während die starken Aromen erlauben, dass beide Genussmittel zur Geltung kommen, reinigt der hohe Alkoholgehalt des Getränks den Gaumen, so dass der nächste Zug umso besser genossen werden kann.

Hinsichtlich dieses Themas habe ich Godfrey Spence, den Autor von *The Port Companion* und Dozent des Wine and Spirit Education Trust, um Rat gefragt. Während er mir gerne Ratschläge für den alltäglichen Trink- und Rauchgenuss gab, erinnerte er mich daran, dass bei Weinverkostungen das Rauchen streng verboten ist. Der leiseste Hauch von Tabak würde das Aroma und den Duft feiner Weine beeinträchtigen.

Sehr süße Spirituosen, unter anderem Grand Marnier (sowie die hier gezeigten), vertragen sich nicht gut mit Zigarren, genauso wenig wie ein trockener Gin. So ist ein Brandy, der sich geschmacklich zwischen den beiden Extremen bewegt, die bessere Wahl.

Zigarre und Cognac bilden ein so perfektes Paar, dass etliche Cognac-Häuser spezielle Getränke für Zigarrenraucher kreiert haben. Jacques Hine hat zum Beispiel viele mühevolle, wenn auch angenehme Jahre damit verbracht, in dieser Hinsicht die ideale Mischung zu finden. Die Firma hat nun die Hine Cigar Reserve im Angebot, die zunächst für Restaurants gedacht war, aber nun auch im Handel erhältlich ist.

Es versteht sich von selbst, dass für die feinsten Zigarren nur ein sehr guter Cognac geeignet ist. Übrigens sind nicht nur Cognac und Armagnac hier ideal, sondern auch ausgezeichnete spanische Brandys kommen in Frage.

Milde Zigarren passen wiederum sehr gut zu dem delikaten, rauchigen Charakter von Highland-Malt-Whiskys und besseren Blends. Für stärkere Zigarren empfehle ich einen würzigen Islay Whisky wie Lagavulin oder Ardbeg.

Auch die Methode vieler Feinschmecker, vorzugsweise Zutaten aus den Herkunftsländern der Rezepte zu verwenden, eignet sich zur Nachahmung. So kann man versuchen, Zigarren mit Getränken aus deren Herkunftsland zu kombinieren. Vergessen Sie jedoch die frivolen Cocktails aus Rum sowie den allgegenwärtigen Bacardi – versuchen Sie lieber einen goldenen, im Holzfass gereiften Rum zu einer handgemachten Zigarre.

Kein Weinkenner würde es zulassen, dass eine noch so gute Zigarre den delikaten Geschmack von Champagner, feinem Claret oder Burgunder verdirbt. Je robuster und zuckriger ein Wein allerdings ist, desto besser kann er sich gegen die Zigarre behaupten. Port und Sherry kommen hier also in Betracht. So passt beispielsweise ein Sherry mit Volumen gut zu einer Zigarre mit vollem Körper, während leichtere Sherrys eher milde Zigarren hervorragend ergänzen.

Der Zigarrenkauf

Die erste Empfehlung zu diesem Thema ist zugleich eine der wichtigsten: Suchen Sie sich einen Zigarrenhändler, der Ihnen beratend hilft – und dem Sie vertrauen. Da Zigarren wieder sehr in Mode sind, ist das heute einfacher als noch vor einigen Jahren. Abgesehen von spezialisierten Zigarrengeschäften, haben auch viele Kaufhäuser eine hervorragende Auswahl an gut gelagerten Zigarren. Auch nimmt eine wachsende Zahl von Bars und Restaurants Zigarren heute sehr ernst.

Das Zigarrendepot von Harrods in London.

VERSANDHANDEL UND INTERNET

Über das Internet kann man bei etablierten Firmen wie auch neueren Einrichtungen Zigarren bestellen. Auch eingeführte Zigarrenläden betreiben Versandhandel, und das zu oft äußerst günstigen Preisen, so etwa Lew Rothmans J. R. Tobacco Corporation, deren Geschäfte für ungefähr 40 Prozent des Umsatzes an Premium-Zigarren in den USA verantwortlich sind.

Das Bestellen per Mausklick mag zwar angenehm sein, dennoch kann es eine Auswahl vor Ort nicht ersetzen. Es ist immer besser zu sehen, was man kauft. Außerdem entgeht man auf diese Weise durchaus denkbaren Unwägbarkeiten: Selbst wenn Zigarren sorgfältig verpackt worden sind, können sie während des Transports beschädigt werden, vom Zoll geöffnet worden sein und so weiter …

DEN ZUSTAND ÜBERPRÜFEN

Eine gute Lagerung ist ausschlaggebend für den Zustand einer Zigarre und daher verantwortlich dafür, wie gut sie zu rauchen ist. Handgemachte Zigarren sollten vor dem Kauf immer überprüft werden. Befinden sie sich in der Kiste, so lassen Sie die Kiste öffnen. Jede(r) angesehene Zigarrenhändler(in) sollte das zulassen, und wenn er bzw. sie sich weigert, ist das ein Grund zur Vorsicht.

Die Zigarren sollten zunächst einmal einen guten Gesamteindruck machen. Falls Ihnen – gerade auf den ersten Blick – ihr Aussehen nicht zusagt, sollten Sie von einem Kauf absehen. Ist der erste Eindruck dagegen gut, sind bestimmte Kriterien beim sorgfältigen Betrachten der Kiste zu beachten: Alle Bauchbinden sollten dieselbe Position haben, alle Deckblätter spiralförmig in dieselbe Richtung gerollt sein, alle Zigarren dieselbe Grundfarbe aufweisen, und zwar beginnend mit den helleren Tönen rechts, endend mit den dunkelsten links in der Kiste.

Jeder der beschriebenen Mängel kann auf fehlende Sorgfalt bei der Kontrolle in der Fabrik hinweisen. Auch ist es denkbar, dass einige Zigarren aus einer anderen Kiste stammen (falls die Kiste bereits geöffnet ist) oder dass die Kiste schon vorher geöffnet worden ist (zum Beispiel durch den Zoll). Haben Sie auch nur bei einem der oben beschriebenen Punkte etwas zu beanstanden, sollten Sie von einem Kauf erst einmal Abstand nehmen. Ziehen Sie nun weitere Kriterien hinzu …

Riechen Sie an zwei, drei Exemplaren, um zu testen, ob Ihnen das Bouquet behagt. Nehmen Sie auch ruhig eine Zigarre aus der Kiste

Drücken Sie zwei, drei Zigarren sanft zwischen Finger und Daumen. Wenn sie sachgemäß gelagert und gut gemacht worden sind, sollten sie leicht nachgeben, um dann wieder ihre ursprüngliche Form anzunehmen. Sie sollten sich außerdem glatt und etwas ölig anfühlen. Ist das Deckblatt derb oder sehr trocken (weil es ein wenig knackt), ist es entweder von minderer Qualität, oder es zeigt an, dass die Zigarre schlecht gelagert worden ist.

heraus und riechen Sie an der Lücke, die sie hinterlassen hat. Das ist der beste Weg, das Bouquet zu bewerten, wobei man bedenken muss, dass Zigarren mit sehr dunklen Deckblättern, und zwar unabhängig von ihrer Qualität, beim ersten Mal ein weniger betontes Bouquet offenbaren.

Wenn Sie Ihrem Zigarrenhändler voll und ganz vertrauen, sind solche Vorsichtsmaßnahmen meist überflüssig. Dennoch bin ich der Meinung, dass es immer gut ist, das (kurz) zu prüfen, was man kauft. Das gilt vor allem in der heutigen Zeit, in der so viele Zigarren als »Don Nobodys« auf dem Markt sind. Gerade in den Vereinigten Staaten ruft dieser Umstand Frustrationen hervor, handelt es sich hier doch um schlecht gemachte und schlecht gereifte Zigarren, welche die etablierten Marken im Preis unterbieten. In letzter Zeit werden immer öfter Havannas im mexikanischen Tijuana nahe der Grenze zu den Vereinigten Staaten eingekauft und in die Vereinigten Staaten geschmuggelt. Bei einem Großteil handelt es sich aller Wahrscheinlichkeit nach um Fälschungen, dann auch um recht billige Marken, die als Top-Marken »verkleidet« und entsprechend teuer angeboten werden. Allein 1998 beschlagnahmte der US-Zoll geschmuggelte Zigarren im Wert von rund 1,6 Millionen US-Dollar.

Prüfen Sie zunächst das grün-weiße Havanna-Siegel: Seit 1912 ist es in Farbe und Text unverändert.

Schauen Sie nun auf den Boden der Kiste. Prüfen Sie, ob die Kiste zwei schwarze Stempel mit den Angaben »HECHO EN CUBA« und »Totalmente a mano« aufweist. Das ist ein erster Hinweis darauf, dass es sich hier um vollkommen handgemachte Zigarren handelt, obwohl natürlich die Kiste eine Fälschung sein könnte oder auch die Möglichkeit nicht ausgeschlossen werden kann, dass die Zigarren maschinengefertigt sind. Dennoch ist der Stempel, der 1989 eingeführt wurde, ein sehr wichtiger Schutz.

EINE ZIGARRENKISTE »LESEN«

Bei Havannas ist es unerlässlich, die Kiste zu »lesen«, es sei denn, Ihr Händler hat einen ausgezeichneten Ruf. Das Lesen der Kiste dient dazu, Fälschungen sowie maschinengefertigte Versionen berühmter kubanischer Marken zu erkennen, ebenso nichtkubanische Marken, welche dieselben Namen und mitunter sehr ähnliche Logos oder Aufkleber wie ihre kubanischen Gegenstücke verwenden.

Vor 1989 war auf den Kisten handgemachter Zigarren lediglich »HECHO A MANO« zu lesen, also nicht das Wort »totalmente«. Zwar könnten auch solche Kisten in Ordnung sein, doch wenn Sie auf Nummer Sicher gehen wollen, sollten Sie nur Kisten mit den Stempeln »HECHO EN CUBA« und »Totalmente a mano« wählen.

Heute bedeutet »Hecho a mano« lediglich, dass gewisse Arbeitsvorgänge des Torcedors per Hand erfolgen, also die Zigarren nicht vollständig handgemacht sind, und bei dem Hinweis »Hecho en Cuba« wird es sich um maschinell gefertigte handeln. Kisten aus vorrevolutionärer Zeit (denen man wohl kaum noch begegnen wird) tragen die Aufschrift »Made in Havana-Cuba«.

Lassen Sie sich auch nicht von Kisten hinters Licht führen, welche die Aufschrift »Hand rolled« tragen. Hier handelt es sich um Zigarren, deren Deckblatt mit der Hand auf maschinell gefertigte Wickel gebracht worden sind. Und »Envuelto a mano« bedeutet nichts anderes als »von Hand gepackt«.

Schauen Sie auch nach dem schwarzen »Habanos s.a.«-Stempel und der in zwei Rottönen gehaltenen Banderole mit der Aufschrift »Habanos« (siehe auch Seite 122). Es sollte, neben drei bzw. vier Buchstaben, die auf den Monat verweisen, in dem die Kiste abgepackt worden ist, auch ein Fabrikzeichen aus zwei bzw. drei Buchstaben vorhanden sein. Diese Kennzeichnung wurde 1985 eingeführt. Hat die Kiste keinen »Habanos s.a.«-Stempel, trägt aber die Bezeichnung »Cubatabaco«, so stammt sie sehr wahrscheinlich aus der Zeit vor 1994. Das Cubatabaco-Logo wurde zwischen 1985 und Ende 1994 auf die Kisten gebracht.

Abgesehen von Details, sind Aufkleber und Dekorationen auf Kisten, in denen sich nichtkubanische Zigarren befinden, jenen Havanna-Kisten sehr ähnlich, die mit kubanischen Zigarren desselben Markennamens bestückt sind. Das Gleiche gilt auch für Bauchbinden. So ist beispielsweise auf den in Farbe und Form nahezu identischen Bauchbinden der dominikanischen H. Upmann das Wort »Habana« lediglich durch die Jahreszahl 1844 ersetzt, dem Gründungsjahr der (kubanischen) Marke. Zunächst einmal muss betont werden: Bei diesen handgemachten Zigarren, die nicht aus Kuba stammen, aber berühmte kubanische Namen tragen, handelt es sich zwar nicht um Fälschungen, doch ist die Absicht ihrer Hersteller eindeutig, den Kunden glauben zu machen, er erwerbe Havannas. Da immer noch das US-Embargo gegenüber Kuba besteht, wäre es in

renommierten Geschäften der Vereinigten Staaten gar nicht möglich, kubanische Zigarren zu kaufen, doch anderswo bestünde die Möglichkeit durchaus, dass neben kubanischen Marken ihre Namensvettern aus der Dominikanischen Republik oder Honduras angeboten werden. Dabei präsentieren sich mit diesen »Duplikaten« oft ausgezeichnete Zigarren – aber es sind eben keine aus der República de Cuba, also keine echten Havannas.

Oben: *Im Deutschen steht unter dem Habanos-Schriftzug »Einzigartig seit 1492«.* **Rechts:** *Der Aufkleber für den britischen Markt mit dem Kürzel EMS weist auf den Begriff »English Market Selection« hin.*

FABRIKKENNZEICHEN

Von 1985 bis 1999 war es nicht nur möglich herauszufinden, aus welcher Fabrik eine Kiste Havannas stammte, sondern auch Jahr und Monat der Herstellung konnten festgestellt werden. Heute ist das allerdings nicht mehr möglich. In Blau gedruckt, wurde für die Fabrik ein Code aus zwei bzw. drei Buchstaben, für Monat und Jahr einer aus vier Buchstaben verwendet. Als Grundlage diente mit Beginn des Jahres 1999 das Wort NIVELACUSO, das die Ziffern 1 bis 0 repräsentierte.

Gerade der Fabrikcode war eine wichtige Informationsquelle, denn viele Havanna-Marken werden in mehreren Fabriken hergestellt, von denen nicht jede eine gute Qualität liefert. Einige Fabriken haben sich auf die Herstellung bestimmter Marken spezialisiert, stellen bei Bedarf jedoch auch andere her. So ist von einigem Interesse, dass die Hälfte aller in den achtziger Jahren aus Kuba exportierten handgemachten Zigarren Montecristos waren, obwohl zu jener Zeit von lediglich drei Fabriken behauptet werden konnte, sie seien auf die Herstellung von Montecristos spezialisiert. Daher liegt auf der Hand, dass diejenigen Montecristos, die nicht aus diesen drei Fabriken stammten, nicht die wünschenswerte Qualität besaßen.

Nach der Revolution Castros erhielten die alten Fabriken neue Namen (in Erinnerung an kubanische Freiheitskämpfer). So wurde etwa die altehrwürdige Partagas-Fabrik mit dem Namen Francisco Perez German bedacht, worauf sich auch das Kürzel bezog, das auf die Unterseite einer jeden Havanna-Kiste gedruckt wurde, die aus der ehemaligen Partagas-Fabrik kam: FPG. Anfang 1999 wurde dann das Kürzel FPG durch die Buchstabenfolge EAT ersetzt. Auch die Codes aller anderen Fabriken änderten die Kubaner. Sie alle hier aufzuzählen würde nur verwirren, denn nachdem der neue Code innerhalb von acht Wochen geknackt und im Internet enthüllt worden war, entwickelten die Verantwortlichen in Sachen Zigarren auf der Tabak- und Zuckerrohrinsel abermals einen neuen Code, und seit August 1999 werden die Fabrik- und Datumscodes jeden Monat geändert. Da es wohl noch geraume Zeit dauern wird, bis man hinter das Geheimnis der nun verwendeten Kürzel gekommen sein wird, bleibt nur der – allerdings wichtige – Hinweis: Beim Kauf von Havannas sollten Sie sich an den Fachhändler Ihres Vertrauens wenden …

ALUMINIUMHÜLSEN
Bestimmte Formate (etwa von Dunhill und Romeo y Julieta) sind einzeln in mit Zedernholz ausgekleideten Aluminiumhülsen erhältlich – eine Verpackungsart, die erstmals H. Upmann verwendet hat. Auf der Hülse des Churchill-Formats der Marke Romeo y Julieta beispielsweise steht zu lesen: »The rich aromatic flavor of this fine Havana cigar will be protected by the aluminum container until opened« (»Das reiche Aroma dieser feinen Havanna wird

Berühmte Marken in Aluminium-Hülsen – aber Vorsicht: Sie könnten maschinengefertigt sein.

durch den Aluminiumbehälter geschützt, bis er geöffnet wird«).
Die Qualität der Zigarren, die in Aluminiumhülsen angeboten
werden, ist in der Regel zufriedenstellend. Zu beachten ist jedoch:
Eine Hülse gewährt nur spärliche Hinweise auf die Herkunft, und
viele maschinell gefertigte Havannas berühmter Marken werden so
verkauft.

ZELLOPHANVERPACKUNGEN

Havannas, die einzeln in Zellophan verpackt sind, sind meist maschinell gefertigt. Ausnahmen gibt es bei einigen Formaten einer Handvoll Marken (einschließlich der Cohiba), und zwar ist das dann der
Fall, wenn sie in kleiner Zahl verkauft werden. Viele ausgezeichnete
handgemachte Zigarren aus anderen Herkunftsländern werden ebenfalls in Zellophan verpackt. Die so geschützten Zigarren halten sich
in der Regel gut.

ZIGARRENGESCHÄFTE

Die Vorliebe für handgemachte Zigarren beginnt meist beim Kauf,
und der bringt zuweilen das Vergnügen mit sich, eines der großen
Zigarrengeschäfte aufzusuchen. Durch ihre faszinierende Atmosphäre
sprechen sie die Sinne an und erwecken so die Vorfreude auf den
Rauchgenuss. Der siebte Himmel des Zigarrenrauchers befindet sich
im Londoner Stadtviertel St. James, ganz in der Nähe des Piccadilly
Circus, denn hier konzentrieren sich einige edle Tabakgeschäfte.

*Fox Epicures in einem goldfarbenen Reise-
humidor aus Krokodilleder.*

JAMES J. FOX & ROBERT LEWIS

Im frühen 19. Jahrhundert entwickelte sich London zum wohl
größten Zentrum des Handels
mit Havannas. Robert Lewis
war der erste, der in London ein
Tabakwarengeschäft eröffnete.
Das war 1787 in Covent Garden. Eigentlich war es von dem
Walliser Christopher Lewis gegründet worden, doch es war
sein Partner Robert, der das
Geschäft zur Blüte führte.
1830 verkaufte dann die
Firma die ersten Havannas,
die nach London gelangten.
Nach einigen Umzügen zu
Beginn des 19. Jahrhunderts
eröffnete die Firma schließlich 1834 ein Geschäft in der

St James's Street Nr. 81. Diese Straße lag in einer Gegend, die für ihre Gentleman's Clubs berühmt war. Schließlich zog das Geschäft in die Hausnummer 19 auf der St James's Street, wo es sich noch heute befindet und die Aura eines distinguierten Herrenclubs verströmt.

Im Jahre 1992 fand dann der Zusammenschluss mit dem einstigen Konkurrenten James J. Fox statt. Fox's (wie das Geschäft allgemein genannt wurde) war ursprünglich 1881 in Dublin gegründet worden, ehe das erste Londoner Geschäft 1946 seine Pforten öffnete.

Die aus dem Zusammenschluss entstandene Firma betreibt seit einiger Zeit ein Zigarrenmuseum im hinteren Teil des Erdgeschosses, obwohl sich etliche der Ausstellungsstücke seit vielen Jahren im Verkaufsladen selbst befinden.

Bei Fox/Lewis herrscht eine einzigartige Atmosphäre. Das unterstreicht die Aussage, die der kubanische Autor Guillermo Cabrera Infante in seinem Buch *Holy Smoke (Rauchzeichen)* macht: »Wenn ich in einem Ladengeschäft leben müsste, würde ich auf immer und ewig bei Robert Lewis Quartier nehmen.«

DAVIDOFF

Gleich nebenan, Ecke Jermyn Street und St James's Street, befindet sich das Londoner Davidoff-Geschäft (35, St James's Street). Das 1980 gegründete Geschäft steht in Kontrast zu dem vorher genannten. Natürlich findet man hier Davidoffs, aber auch alles andere, was ein Raucher braucht, ist zu

Davidoff in der St James's Street beherbergt eine Zigarre von einem Meter Länge und einem Ringmaß von 96 (also 1½ Inches [38,1 mm] Durchmesser). Gelegentlich führen hier Torcedores die Kunst des Rollens vor, und es finden Veranstaltungen zur Einführung neuer Marken und Produktlinien auf den britischen Markt statt.

haben: von der simpelsten maschinell gefertigten Zigarre bis zu den feinsten handgemachten aus aller Welt, gar nicht zu sprechen von dem reichhaltigen Angebot an Accessoires. Unter der Ägide des äußerst gebildeten Edward Sahakian, unterstützt von seinem Sohn Eddie, werden hier über 400 000 Zigarren pro Jahr in einer berauschenden Spannbreite von Formen und Formaten einzeln und in Kisten verkauft.

Edward Sahakian im Havanna-Raum des Davidoff-Geschäfts.

Die feinsten handgemachten Zigarren ruhen im begehbaren Humidor in offenen Kisten, so dass sie vom Kunden geprüft werden können. Im Basement befinden sich nicht nur die Lagerbestände des Geschäfts, sondern auch diejenigen seiner vielen berühmten Kunden.

Alfred Dunhill

Nicht weit entfernt von Davidoff befindet sich ein anderes Geschäft, dessen Namen man mit einem der berühmtesten Namen der Tabakwelt in Verbindung bringt – und das wiederum einen ganz eigenen Charakter hat: Alfred Dunhill in der Duke Street Nr. 30.

Das Geschäft befindet sich seit 1907 an derselben Stelle. Während des Krieges ausgebombt und dann neu errichtet, werden dort heute neben Zigarren Kleidung und Accessoires angeboten. Bei einer Grundrenovierung im Jahre 1997 wurde der berühmte begehbare Humidor aus der hinteren Ecke des Ladens mehr in die Mitte gerückt, und zwar auf das Zwischengeschoss. In diesem eleganten und traditionell gehaltenen Raum ruhen verschiedene Havanna-Marken in großen Zedernholzschränken, und Metalltüren führen zu privaten Schließfächern, Keeps genannt, welche die Bestände von Kunden enthalten, die zehn und mehr Kisten gekauft und zum Nachreifen zurückgelassen haben.

Alfred Dunhill selbst war in den zwanziger Jahren der Vorreiter hinsichtlich der Befeuchtung der Lagerbestände, und so kann mit Fug und Recht erwartet werden, dass hier der begehbare Humidor eine perfekte Lagerstätte für die exquisiten Rauchwaren ist.

SAUTTER OF MAYFAIR

In einiger Entfernung befindet sich Sautter of Mayfair (106 Mount Street), ein kleines Geschäft mit einem stets gut gelaunten Desmond Sautter, dem Besitzer, der über seine (unverkäufliche) Sammlung seltener Jahrgangszigarren bereitwillig Auskunft gibt. Übrigens lebte einst Winston Churchill in einer der Wohnungen, die sich über dem Laden befinden.

WEITERE GESCHÄFTE

In London gibt es noch eine ganze Reihe weiterer Zigarrengeschäfte wie Shervingtons in High Holborn, den Segar and Snuff Parlour in Covent Garden, Tom in Belgravia und Wards in der Gresham Street. Außerhalb von London gehört Frederick Tranter in Bath zu den führenden Einzelhändlern, und auch in anderen größeren Städten wie Birmingham, Edinburgh, Leeds und Nottingham befinden sich ausgezeichnete Zigarrenhändler.

Der Kauf von Havannas und anderen guten Zigarren in Großbritannien bringt den Vorteil mit sich, dass hier die Qualitätskontrollen zu den strengsten in Europa gehören. Von Nachteil dagegen sind die Steuern (und somit die recht hohen Preise).

GENF

Ein anderes großes Zentrum des Zigarrenhandels ist Genf. In der Rue de Rive befindet sich jenes Geschäft von Davidoff, das hier während des Zweiten Weltkriegs eröffnet worden ist. In Genf befindet sich auch das Geschäft von Gerard Père et Fils, das ausschließlich mit Havannas handelt, die perfekt gelagert und strengen Qualitätskontrollen unterzogen werden.

Für ein so teures Land wie die Schweiz sind die Zigarrenpreise hier erstaunlich niedrig.

PARIS

Die französische Hauptstadt steht Genf in Sachen Zigarren in nichts nach. Hier findet man gute Zigarrengeschäfte wie La Civette, und nicht zuletzt durch die relativ niedrige Tabaksteuer herrscht an der Seine eine blühende Zigarrenkultur. 1966 wurde übrigens für den staatlichen Tabakkonzern Seita das Havanna-Sortiment Diplomaticos kreiert. Im Wesentlichen handelt es sich dabei um (sehr preiswerte) Montecristos. Wenn Sie dieser Marke begegnen, dann sollten Sie nicht zögern, die eine oder andere Kiste zu kaufen.

SPANIEN

Wie vor dem Hintergrund der historischen Verbindungen zu Kuba
nicht anders zu erwarten, importiert Spanien mehr Zigarren als jedes
andere europäische Land. Im Vergleich etwa zur englischen Import-
rate für Havannas ist die spanische rund sechsmal so groß.

Die Preise sind zum Teil sehr niedrig, was jedoch nicht zuletzt an
der Vielzahl von maschinengefertigten Zigarren liegt, die der Handel
anbietet. Darüber hinaus sind die erhältlichen Havannas bisweilen
von minderer und ungleichmäßiger Qualität (was vielleicht auf
Grund der Eingeschränktheit des Marktes nicht überrascht). Der Tradition folgend, gibt es auch eine ganze Reihe einheimischer handgemachter Zigarren, von denen jedoch nur wenige, obwohl qualitativ
gut, den Weg ins Ausland finden. Wer auf Qualität Wert legt, der
sollte beispielsweise Gimeno in Barcelona aufsuchen, das zu den
wirklich guten Geschäften in Spanien gehört.

DEUTSCHLAND UND ITALIEN

In Deutschland hat die Herstellung (maschinengefertigter) Zigarren
eine alte Tradition, und renommierte Geschäfte befinden sich in Berlin, Hamburg, Köln und München.

Italien ist berühmt für seine unverwechselbaren, stark schmecken-
den Toscani. Allerdings gibt es weniger Zigarrengeschäfte von Spitzenqualität, als der *Aficionado* vielleicht erwarten würde. Sincato in
Rom ist hier beispielsweise zu nennen.

KANADA UND HONGKONG

Kanada hat, vor allem im Tourismussektor, enge Verbindungen zu
Kuba. Eine große Auswahl kubanischer und nichtkubanischer Zigar-
ren (leider zu hohen Preisen) findet sich in Läden in Vancouver,
Toronto und in Halifax (Neuschottland), wo die Firma MacDonald
Tobacco regelmäßig Zigarren-Dinners veranstaltet. Auch in Hong-
kong kann man anständige Zigarren bekommen.

VEREINIGTE STAATEN

Überall in den Vereinigten Staaten finden sich Zigarrengeschäfte
hoher Qualität, obwohl sie natürlich keine Havannas im Angebot
haben. Einer der berühmtesten Läden ist Nat Sherman auf der Fifth
Avenue Nr. 500 in New York. Das Interieur in dunklem Mahagoni
gehalten, findet man hier jedes nur erdenkliche Accessoire. In den
dreißiger Jahren des 20. Jahrhunderts gegründet, geht der Leiter Joel
Sherman mit der Zeit. So führt er eine Website und bietet eine ganze
Reihe von Sortimenten unter eigenem Markennamen an, die vor
allem in der Dominikanischen Republik hergestellt werden.

New York kann sich auch rühmen, in der Madison Avenue einen
ultramodernen Davidoff-Shop zu haben. Im kalifornischen Beverly

Hills befindet sich, neben einer Verkaufsstelle von Alfred Dunhill, eine weitere Zweigniederlassung von Davidoff. Und falls Sie einmal in Washington, D. C., sind, sollten Sie Georgetown Tobacco aufsuchen, kompetent geführt von David Berkebile.

KUBA

Und wie steht es mit Kuba? Natürlich sind Havannas hier preiswerter als anderswo. Durch diesen Umstand sollte man sich jedoch nicht zur Gier verleiten lassen: Kaufen Sie Zigarren nur in anerkannten, staatlich geführten Verkaufsstellen (einschließlich denjenigen am Flughafen, welche dieselben Preise haben wie die offiziellen Läden), denn sonst werden Sie mit großer Wahrscheinlichkeit bestimmt keine echten Havannas erwerben. Kaufen Sie auch niemals Zigarren auf der Straße, so groß die Versuchung auch sein mag …

Die Londoner Importeure Hunters & Frankau bekamen einmal eine Kiste geschickt, die angeblich Robustos der Marke Cohiba von Ende 1998 enthielten. Die Kiste war in Havanna gekauft worden, und der Käufer hatte sie einem Freund als Geschenk geschickt. Zunächst schien alles in Ordnung zu sein. Die Kiste sah echt aus, enthielt sie doch alle Stempel und Aufkleber an der richtigen Stelle. Lediglich die Fabrikkennzeichnung fehlte (was selbst bei echten Kisten gelegentlich der Fall ist). Auch die beiden Zigarren, die sich noch in der Kiste befanden, sahen gut aus. Die nähere Inspektion ergab jedoch, dass der Inhalt nicht das hielt, was das Äußere versprach.

Seien Sie also stets auf der Hut vor angeblichen »Schnäppchen«. Es könnte leicht geschehen, dass Sie maschinengefertigte Versionen berühmter Havanna-Marken oder handgemachte weniger berühmter Eigenmarken erhalten …

DUTY-FREE-SHOPS

Stets sollte eine Zigarrenkiste vor dem Kauf sorgfältig geprüft werden. Das gilt auch und gerade in Bezug auf Flughäfen, wo Duty-free-Preise oftmals sehr attraktiv erscheinen. In den Duty-free-Shops sind Zigarren nicht selten mangelhaft gelagert, dazu alt, ohne jedoch die wohltuende Reife zu besitzen, die das Altern mit sich bringen kann.

Dennoch gibt es gute Flughafengeschäfte, so etwa in London (Heathrow), dazu noch einige im Mittleren Osten. Erwähnenswert ist auch der Shop im Flughafen von Santo Domingo in der Dominikanischen Republik.

DIE GRÖSSE DES EINZELHÄNDLERS

Vermeiden Sie es, Zigarren in kleinen Tabakläden und Zeitungsgeschäften zu kaufen. In der Regel sind die hier angebotenen Zigarren wegen des geringen Umsatzes alt. Darüber hinaus sind sie meist schlecht gelagert.

Beim Kauf von Zigarren in exklusiven Verpackungen – wie etwa den polierten 8-9-8-Kisten – sollte man vor allem eines bedenken: Solche Verpackungen sind nicht billig, und so sind auch die Zigarren im Verhältnis recht teuer. Dasselbe gilt für einzelne Zigarren in Aluminium- und Glashülsen.

Denken Sie daran: Manche Zigarren werden zu Premium-Preisen verkauft, obwohl hier der Interessent nicht ausschließlich für die Qualität einer Zigarre bezahlen muss, sondern oft ebenso viel für den Namen und die Vermarktungskosten.

WENIGER IST MEIST MEHR

Wenn Sie nur eine kleine Zahl handgemachter Zigarren kaufen möchten, sollten Sie versuchen, sie entweder lose oder in Zedernholzkisten zu bekommen. Je nach Größe erhalten Sie entweder 10 oder 25 in dieser Form (was kleinen Schachteln mit fünf Stück vorzuziehen ist). Und haben Sie einen zuverlässigen Zigarrenhändler gefunden, so sollten Sie sich nicht scheuen, ihn um Rat zu fragen und seinen Vorschlägen hinsichtlich jener Marken und Formate zu folgen, die sich gerade besonders gut rauchen lassen.

Die Lagerung

Sie haben sich für bestimmte Zigarren entschieden und wissen, welches Sortiment Sie zu Hause aufbewahren möchten. Nun ist es absolut wichtig, die richtige Lagermethode zu finden.

D A ZIGARREN Naturprodukte sind, setzt sich der Reifungs- und Fermentationsprozess bei guter Lagerung in den Zedernholzkisten fort. Dieser Alterungsprozess muss unterstützt werden, denn schlecht gelagerte Zigarren sind am Ende ruiniert, während sorgfältig gelagerte in der Regel um so besser werden, je länger dieser Vorgang andauert.

GRUNDSÄTZLICHES

Gerade dann, wenn Sie keinen Humidor besitzen, ist darauf zu achten, dass Ihre Zigarren keinen extremen Temperaturen ausgesetzt sind. In jedem Fall sollten Sie Ihre Zigarren im kühlsten Teil des Hauses aufbewahren. Sorgen Sie dafür, dass die Zedernholzkisten in einem luftdichten Behälter oder in einem Schrank aufbewahrt werden.

Der Lagerplatz sollte eine Luftfeuchtigkeit von 65 bis 70 Prozent aufweisen und bei einer Temperatur von 18 bis 21 Grad Celsius gehalten werden. Haben Sie keine Lagermöglichkeiten, die diese Bedingungen erfüllen, ist es ratsam, Zigarren nur in relativ kleinen Mengen zu kaufen, um dann einen feuchten Schwamm (bzw. ein kleines Glas Wasser) in den Behälter oder in den Schrank zu legen. Eine weitere Möglichkeit ist die, die Zedernholzkisten in dicht verschlossenen Polyäthylen-Beuteln aufzubewahren, wobei zuvor etwas Wasser auf die Innenseite der Beutel gesprüht wird.

Unabhängig von der verwendeten Methode sollten die Zigarren regelmäßig geprüft werden. Es ist absolut wichtig, dass die Zigarren nicht austrocknen, aber auch sehr feuchte Bedingungen schaden ihnen, da es dann zu Schimmelbildung und Verfall kommen kann.

LUFTDICHTE BEUTEL

Einige wenige Fachleute schlagen vor, die Zigarren in einem luftdichten Beutel in der Gemüseschale des Kühlschranks aufzubewahren. Wenn Sie diese Methode anwenden, sollten Sie die Zigarren vor dem Rauchen aus dem Kühlschrank nehmen (mindestens eine halbe Stunde), damit sie zur Raumtemperatur zurückkehren können.

HUMIDIFS

Manche ziehen die Anschaffung eines kleinen Befeuchters in Erwägung, den man in die Zedernholzkiste legen kann. Führende Geschäfte halten viele Ausführungen jener Humidifs bereit, die normalerweise mit einem Schwamm (hin und wieder auch mit Kreide) ausgestattet sind, der (die) ausreichend befeuchtet werden muss.

HUMIDORE

Die beste Lösung ist die Anschaffung eines Humidors. Wenn Sie einen solchen besitzen, heißt es für Sie, die »Gesundheit« Ihrer Zigarren zu überwachen. Dazu gehört vor allem destilliertes Wasser nach Bedarf zuzugeben. Sorgen Sie außerdem dafür, dass der Humidor an einem geeigneten Platz steht (nicht neben einem Heizkörper). Fast alle Humidore zeigen nämlich nur den Feuchtigkeitsgehalt an, nicht jedoch die Temperatur. Werden die Zigarren in einer außergewöhnlich kalten Umgebung gelagert, sollte zum Ausgleich die Feuchtigkeit angehoben werden. Dagegen sind Zigarren niemals direkter Sonneneinstrahlung auszusetzen, ebenfalls keinem Luftzug. Auch ist

Humidore, die dem Raucher alles für die perfekte Lagerung bieten.

es nicht ratsam, den Humidor allzu voll zu machen und verschiedene Marken bzw. Formate direkt aufeinander zu lagern. Schichten Sie den Inhalt von Zeit zu Zeit um, nicht nur, um ihn zu prüfen, sondern auch, um ihn zu belüften und sicherzustellen, dass alle Zigarren ausreichend befeuchtet werden.

BEGEHBARE HUMIDORE

Sollten Sie sich dazu entschließen, einen kleinen Raum in einen begehbaren Humidor umzuwandeln, so ist dafür zu sorgen, dass die Feuchtigkeit der Luft 75 Prozent nicht übersteigt und der Raum nicht absolut luftdicht ist, denn Zigarren benötigen ein wenig Luftzirkulation. Wählen Sie außerdem keine Regalbretter, sondern versiegelte Lattenroste für das Aufbewahren der Zigarren, um so zu gewährleisten, dass an alle Zedernholzkisten Feuchtigkeit gelangen kann.

UNGEZIEFER

In heißen Klimazonen können die Zigarren von Ungeziefer – dazu zählt etwa der Tabakkäfer – befallen werden. Die Käfer legen ihre Eier in den Tabak, den die Larven dann verspeisen, wobei sie Löcher zurücklassen – und somit die Zigarren ruinieren. Sofern Sie also in einem Land leben bzw. sich über längere Zeit in einer Region aufhalten, das bzw. die durch ein heißes Klima gekennzeichnet ist, wird Ihnen dieser Punkt hin und wieder Sorge bereiten. Generell unterziehen sich verantwortungsbewusste Importeure der Mühe, auf Ungezieferbefall zu achten. Daher ist es riskant, Zigarren von Händlern zu lagern, zu denen man noch kein Vertrauen gefasst hat.

REIFEN DER ZIGARREN

Zigarren mit vollem Körper – und hier vor allem jene mit großen Ringmaßen – reifen gewöhnlich besser als milde. Allerdings ist zu bemerken, dass bei Zigarren, deren Tabak von vornherein einer zusätzlichen Fermentationsphase ausgesetzt ist (so bei Cohiba und Montecristo), solch ein Alterungsprozess nicht gerade zu einer Verbesserung ihrer Qualität führt (ausgenommen die größten Formate der erwähnten Marken). Der Grund: Durch die längere Fermentationszeit wird die Aussicht auf ein intensives Nachreifen um einiges reduziert. Dagegen werden diejenigen Deckblätter wahrscheinlich gut reifen, die von Natur aus dunkel und ölig sind, was durch den Reifungsprozess noch etwas verstärkt wird, während relativ milde Zigarren, vor allem jene mit blassen Deckblättern, ihr Bouquet verlieren werden, wenn sie zu lange lagern.

Die meisten großen Importeure von handgemachten Marken der Spitzenqualität bemühen sich, die Zigarren etwas reifen zu lassen, bevor sie die einzelnen Formate zum Kauf anbieten. So ruhen beispielsweise in Großbritannien ankommende Havannas nach ihrer Einfuhr ungefähr zwei Jahre.

Für die Dauer der Reifung bestimmter Zigarren gibt es keine starre Regel, und wie beim Wein kann das Ergebnis oft vom Glück abhängen, obwohl schlecht gelagerte Zigarren immer ein schlechtes Ergebnis zeitigen werden. Einige Experten sind der Meinung, dass eine Reifungsphase von sechs bis zehn Jahren ideal sei. Andere hingegen warnen, dass die meisten Zigarren auch dann, wenn sie unter besten Bedingungen gelagert werden, über einen solchen Zeitraum ihr Bouquet verlieren werden. – Wie dem auch sei: Nur die allerbeste, sorgfältig überwachte Lagerung kann ein allmähliches Austrocknen verhindern.

Handgemachte Zigarren sollten entweder drei Monate nach der Herstellung geraucht oder für mindestens ein Jahr aufbewahrt werden. Die dazwischenliegende »Krankheitsphase«, wie sie genannt wird, nämlich die Phase, in welcher der Reifungsprozess beginnt, ist die schlechteste Zeit, eine Zigarre hoher Qualität zu rauchen. Nur wenn Sie wirklich bereit sind, dieser Aufgabe besondere Sorgfalt zu widmen, sollten Sie einen Tischhumidor dafür verwenden, die Zigarren nachreifen zu lassen. Besser ist es, diese Aufgabe einem renommierten Zigarrenhändler zu überlassen, zu dem Sie Vertrauen haben.

Eine geöffnete Kiste mit ausgetrockneten Zigarren. Manchmal kann ein Polyäthylen-Beutel solche Zigarren wieder zum Leben erwecken.

»WIEDERBELEBUNG« AUSGETROCKNETER ZIGARREN

Leider ist es äußerst schwierig, manchmal gar unmöglich, stark ausgetrocknete Zigarren »wiederzubeleben«. Dagegen ist es relativ einfach, halbtrockene Zigarren neu zu beleben, und selbst recht trockene Zigarren sind noch immer rauchbar, auch wenn sie dann nur noch ein Schatten einstiger Größe sind. Das Ganze muss vor allem mit Geduld angegangen werden. Theoretisch kann Feuchtigkeit, die aus der Zigarre entwichen ist, auch wieder ersetzt werden, obwohl nicht zu erwarten ist, dass Duft und Aroma jemals so gut wie zuvor sein werden.

Die Wiederbelebung von Zigarren muss langsam vonstatten gehen, da Einlage, Um- und Deckblatt Feuchtigkeit jeweils unterschiedlich aufnehmen werden. Wird eine Zigarre zu schnell neu befeuchtet, besteht die Gefahr, dass sie auseinanderfällt.

Eine der einfachsten Methoden, nicht allzu verdorbene Zigarren zu neuem Leben zu erwecken, besteht darin, die geöffnete Zigarrenkiste in einen großen Polyäthylen-Beutel zu packen, der teilweise geschlossen ist – nicht ganz, da die Luft bekanntlich etwas zirkulieren sollte. Platzieren sie nun ein Glas Wasser bzw. einen feuchten Schwamm im Beutel. Schichten Sie in der Folgezeit die Zigarren alle paar Tage um, wobei darauf zu achten ist, dass die Formate, die ganz unten lagern, zum Schluss nach ganz oben gelangen. Mit ein wenig Glück sollten die Zigarren innerhalb von ungefähr drei Wochen zu einem passablen Zustand zurückkehren.

Es ist auch möglich, Zigarren im Humidor wiederzubeleben. Beginnen Sie damit, die Zigarren so weit wie möglich vom Befeuchter entfernt zu lagern, um sie dann über mehrere Wochen nach und nach näher zum Befeuchter hin zu platzieren. Sind Sie dagegen regelmäßiger Kunde eines gut geführten Zigarrenladens, wird man dort bestimmt gerne (und unentgeltlich) bereit sein, Ihre Zigarren im begehbaren Humidor des Geschäfts wiederzubeleben.

Mit Zigarren auf Reisen

Räumliche Veränderungen sind immer eine Gefahr für Zigarren. Da verlangt schon mal der Zollbeamte, eine Kiste zu öffnen, wodurch die ein oder andere Zigarre beschädigt werden kann, und da gibt es Temperaturschwankungen, etwa durch Klimaanlagen und Zentralheizungen, die zu einem Austrocknungseffekt führen können.

REISEHUMIDORE

Wenn Sie auf Reisen des öfteren Ihre Zigarren mit sich führen, sollten Sie die Anschaffung eines Reisehumidors in Erwägung ziehen. Die angebotene Palette reicht von Kisten, die im Handgepäck befördert werden, über speziell entworfene Aktenkoffer bis hin zu Humidoren mit Griffen. Grundsätzlich gilt für den Transport: Packen Sie Ihren Reisehumidor ebenso wie Ihre Zigarrenkiste niemals in Ihren Koffer,

Tischhumidor von Davidoff.

insbesondere nicht auf Flugreisen! Hier ist nämlich der Ärger vorprogrammiert: Enorme Temperaturschwankungen und Beschädigungen durch Anstoßen sind nur zwei der Gefahren, mit denen zu rechnen ist.

TASCHENETUIS

Wenn Sie nur für zwei, drei Tage verreisen, lohnt sich in jedem Fall die Anschaffung eines Zigarrenetuis, in dem die Anzahl der Formate, die Sie wahrscheinlich rauchen werden, auch Platz findet. Sollten Sie solch ein Etui in einer Manteltasche tragen, so achten Sie darauf, dass Sie Ihren Mantel nicht neben eine Hitzequelle hängen. Ein Aufbewahren im Kleiderschrank ist dagegen keinesfalls verkehrt. Bei der Rückkehr sollten dann die Zigarren sofort aus dem Etui genommen und in ihre Kiste oder ihren Humidor zurückgelegt werden.

DICHT SCHLIESSENDE BEUTEL

Viele Zigarrenhändler verkaufen ihre Zigarren in schweren, dicht verschließbaren Polyäthylen-Beuteln (auch solche mit Reißverschluss). Für Reisen sind diese Behältnisse äußerst nützlich. Lassen Sie die Zedernholzkiste im Beutel und legen Sie einen leicht angefeuchteten Schwamm dazu (oder sprühen Sie den Beutel von innen mit etwas Wasser aus). Sorgen Sie des Weiteren dafür, dass die Kiste gut von Büchern und Kleidungsstücken »eingebettet« ist, damit sie nicht hin und her gestoßen wird. Auch sollte sie verschlossen sein (etwa mit einem Gummiring).

»ERSTE HILFE«

Hier eine einfache Methode, mit der Sie bei leichter Austrocknung »erste Hilfe« leisten: Halten Sie die Kiste mit der Oberseite nach unten unter sanft fließendes Wasser, wobei sie den Boden nur minimal befeuchten sollten. Schütteln Sie überflüssiges Wasser ab und packen Sie die Kiste in einen luftdichten Beutel. Nach ein, zwei Tagen sollten die Zigarren in ihren Normalzustand zurückgekehrt sein.

Accessoires

Der Zigarrenboom der neunziger Jahre hat eine schier
unerschöpfliche Auswahl an Accessoires rund um die Zigarre
mit sich gebracht, seien es nun Anschneider und
Aschenbecher, seien es Etuis, Feuerzeuge und Humidore.
Der Preis der schönen Dinge hängt von der Verarbeitung
und den Materialien ab. Sie haben die Wahl, manchmal auch
die Qual, wobei Sie daran denken sollten, dass beispielsweise
teure Anschneider oder Feuerzeuge nicht unbedingt bessere
Dienste leisten als solche mittlerer Preislage –
allenfalls sind sie eleganter.

ANSCHNEIDER
Guillotinen können
rund, rechteckig oder
quadratisch sein.
Preiswerte Kunststoff-
ausführungen werden
ebenso angeboten wie
sehr teure Exemplare
aus edlen Metallen.

*Cutter von Cohiba **(links)**
und Harrods
(unten). Der
Cohiba-Cut-
ter ist mit
China-Lack
überzogen.*

Bei Fox/Lewis in London etwa kann man
Anschneider aus Legierungen in sechs Farben zum
Preis von 45 Pfund erhalten, dann wiederum ein gold-
beschichtetes S.T.-Dupont-

Davidoff-Cutter.

Exemplar mit Lacküberzug für
199 Pfund, während es bei Davidoff
in London Zigarrenscheren aus
Edelstahl mit Goldüberzug für
320 Pfund, Guillotinen mittlerer Preislage für 60 Pfund und vergoldete – mit einem
Ring zum Anhängen – für 200 Pfund gibt (was immerhin etwa 650 Mark entspricht).

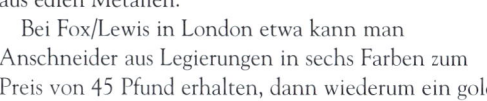

Entscheiden Sie sich beispielsweise für eine andere als die preis-
werteste Guillotine, dann sollten Sie eine erwerben, von der sich die
Tabakreste leicht entfernen lassen und deren Klingen entweder ersetzt oder geschärft werden können.

FEUERZEUGE

Zigarrenfeuerzeuge gibt es ebenso wie Anschneider in vielen Formen, von denen etliche
recht kostspielig sind. So kann man bei Davidoff ein versilbertes für 195 Pfund erwerben,
auch jenes spezielle Davidoff-Feuerzeug mit
Doppelflamme, hergestellt von Dupont, das zwischen 200 und 280 Pfund zu haben ist, wobei
die Höhe des Preises von der Ausführung – einschließlich Versilberung bzw. Vergoldung – abhängig ist. Für das vergoldete Taschenfeuerzeug
mit Lackierung aus der Maduro-Reihe von Dupont sind bei Fox/Lewis immerhin 495 Pfund
zu zahlen, während das Tischfeuerzeug aus derselben Reihe stolze 1 795 Pfund kostet. Das
Geschäft verkauft auch eine Streichholzschach-
tel aus Sterling-Silber für 135 Pfund. Weitere
Streichholzbehälter gibt es in Mahagoni und
Leder.

HUMIDORE

Normalerweise werden
Humidore aus Holz her-
gestellt, wozu vor allem
Mahagoni-, Walnuss-
und Rosenholz, aber auch
Zedernholz Verwendung finden. Außerdem offeriert der
Markt Modelle aus Acryl,
Kunststoff und Plexiglas. Es
gibt sie in einer Anzahl von
Formen und Größen mit
einem Fassungsvermögen,
das nicht einmal die Lagerung von fünfzig Zigarren
zulässt, dann wiederum von
mehreren hundert Zigar-
ren ermöglicht. So reicht
denn auch die Spann-
breite bei den Preisen
von etwas mehr als 150
bis zu einigen zehntau-
send Mark.

Falls Sie nicht über ent-
sprechende Lagermöglich-
keiten verfügen, aber dennoch stets einen größeren

Humidor, auf den Markt gebracht von dem Champagner-Haus Nicolas Feuillatt. Preis: 6000 Pfund.

Vorrat an Zigarren haben wollen, ist ein Humidor unerlässlich. Für jemanden, der dagegen hin und wieder ein paar Zigarren kauft, ist solch eine Anschaffung nicht unbedingt erforderlich.

Vor einem Kauf gilt es zu entscheiden, ob man für ein edles Möbel-stück einiges an Geld ausgeben möchte (was durchaus verzichtbar ist) oder lieber ein eher funktionales Stück erwerben will. Zunächst einmal sollte man den Erwerb eines Humidors danach ausrichten, welche Formate und wie viel man jeweils davon zu lagern beabsich-tigt. Dann ist es ratsam, nach einem Humidor zu suchen, der Ab-lagen auf verschiedenen Ebenen hat. Solch eine Bauweise ermöglicht es, mehrere Marken bzw. Formate getrennt voneinander zu lagern und den Vorrat bei Bedarf von einer Ablage in eine andere zu schich-ten. Liegen nämlich verschiedene Marken in ein und derselben Kam-mer, vermischen sich auch leicht die verschiedenen Bouquets unter-einander, und das kann ja nicht das erstrebenswerte Ziel einer guten Lagerung sein.

Schlichte Humidore gibt es schon für etwa 150 Mark. Der preis-werteste Humidor von Davidoff beispielsweise gehört zur Serie Zino, ist aus Acryl, kann etwa vierzig Zigarren aufnehmen und kostet 330 Mark.

Während die günstigsten Modelle einen relativ einfachen Befeuchter haben, der regelmäßig mit einer bestimmten Menge destillierten Wassers gefüllt werden muss, gibt es natürlich auch Ausführungen, deren Befeuchter sich selbst reguliert (der aber ebenso mit Wasser versorgt werden muss). Für solch einen Humidor muss man mit wenigstens 600 Mark rechnen, wobei nach oben keine Grenzen gesetzt sind und sich der jeweilige Preis nach den verwendeten Materialien und der Aufnahmekapazität richtet.

Ein Humidor, für den ein gutes Holz verwendet worden ist und der bis zu hundert Zigarren aufnehmen kann, kostet rund 1 500 Mark, wohingegen für Stücke, die mehr als hundert Zigarren beherbergen können, dementsprechend tiefer in die Tasche gegriffen werden muss. Zu den recht teuren Exemplaren zählen vor allem jene, in denen zwei Befeuchtungsvorrichtungen für die richtige Luft sorgen. Davidoff beispielsweise bietet solch einen Humidor an. Er kann etwa zweihundert Zigarren aufnehmen und kostet, je nach Holzart, zwischen knapp 6 000 Mark (Mahagoni) und etwas mehr als 7 000 Mark, wobei Letzterer aus dem Holz des Lebensbaums gefertigt ist.

Doch ist mit diesen Preisen noch lange nicht das Ende der Fahnenstange erreicht, denn es gibt ja noch Exemplare, deren Auflage limitiert ist, sowie Einzelstücke, die von bekannten Designern stammen. So entwarf beispielsweise Guy Mallison eine limitierte Auflage von nur zehn Humidoren für den Havana Club in London, wovon jedes Exemplar 75 Double Coronas aufnehmen kann, entweder aus Bergahorn oder Ebenholz gefertigt worden ist und 2 200 Pfund kostete.

Unabhängig vom Preis sollte der Humidor stets sorgfältig ausgewählt werden, denn es gibt natürlich auch Exemplare, die wenig wirkungsvoll sind, dann solche, die einer sorgfältigen Wartung bedürfen. Achten Sie auf die allgemeine Qualität der Bauweise. Stellen Sie ferner sicher, dass der Deckel, der schwer sein sollte, dicht schließt. Prüfen Sie auch, ob der Humidor eine Selbstregulierung hat (oft befindet sich im Inneren ein Hygrometer zur Überwachung des Feuchtigkeitsstandes). Hölzerne Humidore sollten innen unlackiert und möglichst mit Zedernholz ausgekleidet sein. Im Humidor selbst muss regelmäßig Luft zirkulieren – was durch gelegentliches Anheben des Deckels herbeigeführt werden kann. Diese Arbeit kann man sich sparen, wenn man nach einem Humidor Ausschau hält, der winzige Löcher im Boden aufweist.

Einige Humidore bieten Raum zur Lagerung von Anschneidern, Scheren und Streichhölzern (was keinesfalls wichtig ist). Dann gibt es für Reisende kleine Humidore aus Holz, Metall oder Leder, die normalerweise in den Aktenkoffer oder in das Handgepäck passen – und die sich auch für eine vorübergehende Lagerung eignen.

ZIGARRENETUIS

Es gibt eine ganze Reihe von Zigarrenetuis. Sie sollten solche aus Leder wählen. Achten Sie beim Kauf darauf, ob das Etui gefüttert und insgesamt gut verarbeitet ist, damit die Zigarren nicht den Geruch von Leder annehmen. Bei Davidoff in London beispielsweise gibt es schwarze Etuis aus Ziegenleder in verschiedenen Größen, die für den besonderen Schutz der Zigarren mit Metall ausgekleidet sind.

Berücksichtigen Sie bei der Auswahl vor allem, ob die Stärke des Etuis und seine Aufnahmekapazität Ihren Bedürfnissen entspricht und ob Sie immer nur ein bestimmtes oder unterschiedliche Formate mit sich führen möchten. Denken Sie auch an die Größe Ihrer Jacken- oder Manteltaschen und den Effekt, den ein zu klobiges Etui auf Ihr äußeres Erscheinungsbild haben könnte.

WEITERE ACCESSOIRES

Bleiben noch einige Accessoires zu erwähnen, die das Bild des Zubehörs komplettieren. Da sind zunächst die Aschenbecher zu nennen, die in Material und Form sowie Farbgestaltung unterschiedlichste Geschmäcker ansprechen. Oft für Zigarrenmarken im Premium-Bereich hergestellt, gibt es beispielsweise in Großbritannien ein Sortiment mit den Labels von vier führenden Havanna-Marken zum Preis von 75 Pfund, während das Londoner Traditionshaus Fox/Lewis Porzellanaschenbecher mit verstellbaren Ablagen für 135 Pfund bereithält.

Zu erwähnen bleibt noch, dass neben den genannten auch andere führende Hersteller, so etwa Cartier, Colibri, Dunhill, Peterson und Ronson, zahlreiche Accessoires für den Zigarrenfreund offerieren.

Davidoff Zigarren-hülsen

Sammlerstücke

Humidor aus Havanna, hergestellt vor der Castro-Revolution.

Mittlerweile finden immer mehr Auktionen statt, auf denen auch Zigarren gehandelt werden. In der Zweigstelle von Christie's im Londoner Stadtteil South Kensington beispielsweise werden Zigarren häufig auf Weinauktionen verkauft, doch im März 2000 fand dort eine Veranstaltung statt, auf der ausschließlich Zigarren zur Versteigerung gelangten. Bei einer dieser Auktionen wurden zweihundert Zigarrenlose versteigert, die sich auf Jahrgangszigarren und reife Raritäten beschränkten. Die Zigarren brachten umgerechnet rund 1,3 Millionen Mark ein, wobei nicht selten Summen erzielt wurden, die 50 Prozent über dem geschätzten Preis lagen.

Ende 1996 kaufte der Geschäftsmann Peter de Savary 163 Havannas, die 1857 und 1858 für den Herzog von Buccleuch hergestellt worden waren und für die er 17 600 Pfund auf einer Auktion von Christie's bezahlte, was bedeutet, dass jedes Stück einen durchschnittlichen Preis von ca. 350 Mark hatte. Nicht zuletzt als Folge dieses Ereignisses kamen auch Zigarren aus dem Jahre 1864 auf den Markt, die in dem feuchten Keller des ländlichen Anwesens Temple House im irischen Sligo gelagert hatten und sich noch, unterstützt durch das dortige Klima, in einem guten Zustand befanden. Ursprünglich waren sie der Öffentlichkeit als Reste eines riesigen Bestands vorgestellt worden, der von einem Geschäftsmann gekauft worden war, als der kubanische Zigarrenmarkt in Folge des amerikanischen Bürgerkrieges zeitweise zusammengebrochen war. Später kamen dann Experten zu dem Schluss, dass die Zigarren von den Philippinen stammten.

Im Mai des folgenden Jahres brachte eine Kiste mit 25 Trinidads (damals noch nicht im Handel) in Genf exakt 6924 Pfund ein – dem Käufer war also jede einzelne ca. 895 Mark wert. Einige Wochen später wechselte ein Humidor mit fünfzig Corona Gordas aus der »501 limited edition 1492«, 1992 zur Erinnerung an die Entdeckung Amerikas durch Kolumbus hergestellt, für 15 000 Pfund den Besitzer. Und im November 1997 brachte eine Kiste mit 25 Trinidads, ebenfalls in Genf, 9890 Pfund ein, also rund 1280 Mark pro Zigarre.

Das Logo der Trinidad auf der Innenseite des Kistendeckels.

Trinidad Fundadores

HAVANNAS AUS DER ZEIT VOR DER REVOLUTION

Von den beschriebenen Ausnahmen einmal abgesehen, besteht ein seriöser Sammlermarkt für Zigarren nur für handgemachte Havannas aus der Zeit vor der Revolution. Eine vorrevolutionäre Kiste kann an ihrem Aufdruck in Englisch auf dem Boden der Kiste erkannt werden, denn »Made in Havana · Cuba« ist dort zu lesen. Nach der Revolution erfolgten dann alle Hinweise in Spanisch.

Für vorrevolutionäre Zigarren können die Preise heute um 400 bis 500 Prozent über dem Einzelhandelspreis ihrer modernen Äquivalente liegen. London ist einer der besten Orte, an dem man sie finden kann, da es hier bei führenden Zigarrenhändlern stets Tradition war, Reserven aufzubauen.

Am begehrtesten sind Marken und Formate, die inzwischen nicht mehr auf dem Markt sind. So wurden im Mai 1999 zwei Kisten – einstmals im Besitz von Hector Ayala, dem letzten unter General Batista eingesetzten Botschafter Kubas in Frankreich – mit jeweils fünf vorrevolutionären Figurados von 9¼ Inch Länge der Marke Hoyo de Monterrey für je 3 100 Pfund verkauft, das heißt pro Zigarre ca. 2 000 Mark. Darüber hinaus gibt es einen Markt für Havanna-Zigarren, deren Marken zwar heute noch Bestand haben, die aber einst handgemachte Formate herausgebracht haben, die heute nicht mehr hergestellt werden. Hierzu zählen die Magnum von Por Larrañaga, ferner Formate von José Piedra und José Gener sowie die berühmten La Escepcion, die ebenfalls auf den Zigarrenmacher José Gener zurückgehen. Dasselbe gilt für die ehemaligen Havannas von Davidoff und Dunhill.

Bei diesen hohen Preisen ist es nicht weiter verwunderlich, dass auch Fälscher dazu verlockt werden, eigene Versionen seltener Zigarren zu produzieren. Seien Sie also auf der Hut, sobald Sie den Sammlermarkt betreten!

EIN GUTER SMOKE?

Es lohnt sich zu hinterfragen, ob alte Zigarren es wirklich wert sind, gekauft zu werden, um sie zu rauchen. Wie bei sehr alten feinen Weinen ist ihre Lebensfähigkeit Glückssache. Wenn sie ordnungsgemäß gelagert wurden, können sie durchaus sehr gut sein, aber ebenso einen mangelhaften Rauchgenuss mit wenig Duft und Aroma abgeben, so gut sie vormals auch gewesen sein mögen. In jedem Falle sollten Sie Zigarren meiden, die vor 1950 hergestellt wurden, und wählen sollten Sie die dunkelsten, die Sie finden können.

ACCESSOIRES ALS SAMMLERSTÜCKE

Auch für Accessoires gibt es einen florierenden Sammlermarkt, besonders für jene, die mit berühmten Rauchern in Verbindung gebracht werden oder sehr alt bzw. von edler Machart sind. So wurde 1998 ein Zigarrenetui aus neunkarätigem Gold, das Winston Churchill 1960 als Geburtstagsgeschenk von Aristoteles Onassis erhalten hatte und auf dem »Happy Birthday from Ari« zu lesen ist, bei Sotheby's an einen privaten Sammler für 43 300 Pfund verkauft, obwohl der geschätzte Preis lediglich bei 15 000 Pfund lag. Und bei einer früheren Auktion wechselte ein zerbeultes Etui für eine einzelne Zigarre, das einst von Churchill als Soldat an der Westfront benutzt worden war, für 4 830 Pfund den Besitzer.

CASTROS UNTERSCHRIFT

Auch Fidel Castros Unterschrift verkauft sich offenbar gut. Von 1993 bis 1997 brachten von ihm signierte Zigarrenkisten ungefähr eine Million Dollar zugunsten des kubanischen Gesundheitswesens ein. So kamen bei einem Dinner im Londoner Hotel Dorchester im Oktober 1995 Kisten zu je fünfzig Trinidads und Torpedos der Marke Cohiba (ein Format, das nicht für den Handel hergestellt wird), die von Castro signiert waren, zwischen 7 000 und 13 000 Pfund zusammen. Das Hauptereignis des Dinners war jedoch der Verkauf eines von 150 Humidoren einer limitierten Auflage, die anlässlich des 150-jährigen Bestehens der Partagas-Fabrik hergestellt worden waren. Dieser Humidor, der 150 Zigarren enthielt (No.-4-Formate der Serie D, 8-9-8-Formate und Lusitanias mit zugespitzten Köpfen im alten Stil), wurde für 30 000 Pfund verkauft.

Während eines Dinners in Havanna im Februar 1997 anlässlich des dreißigjährigen Bestehens der Marke Cohiba leistete Castros Signatur noch bessere Dienste. Es wurden sechs Lose versteigert, allesamt für Humidore, in denen Cohibas gelagert waren. Die ersten drei Kisten gingen für insgesamt 143 000 US-Dollar weg. Das vierte Los bezog sich auf 45 Sonderanfertigungen von Humidoren, die jeweils Zigarren eines Robusto-Especiales-Formats erhielten (also ein nicht handelsübliches Format) und die einzeln nummeriert waren; einer jener Humidore, von Castro signiert, brachte 49 000 US-Dollar ein. Das fünfte Los betraf einen Humidor, der als Unikat zum dreißigjährigen Bestehen der Cohiba angefertigt worden war; er ging für 40 000 Dollar weg. Und das letzte Los – es stand für eine Cohiba-Kiste mit goldenem Deckel, ebenfalls von Castro signiert, in der neunzig Zigarren ruhten – brachte stolze 130 000 US-Dollar ein, ersteigert von einem libanesischen Zigarrenhändler.

MILLENNIUM-GEGENSTÄNDE

Besondere Gedenkaschenbecher und andere Kunstprodukte (wie etwa die Teller, die anlässlich der 1993 erfolgten Markteinführung der Cohiba-Siglo-Serie bei Claridges in London hergestellt worden sind) sind ebenfalls von Interesse für Sammler. So führte beispielsweise der Millenniumwechsel zur Produktion einer Anzahl von Erinnerungs-

Zigarrenauswahl zum Millennium in außergewöhnlicher Verpackung.

stücken, die ohne Zweifel nach einer gewissen Zeit zu Sammlerstücken werden. Dazu gehören unter anderem auch die Sonderkisten mit einer Auswahl an Zigarren und einem verchromten Taschenanschneider der Londoner Importeure Hunters & Frankau. Anfang 1999 wiederum ließ Habanos S. A. 21 Humidore zum Gedenken an das bevorstehende neue Jahrhundert herstellen, wobei jeder Humidor zweitausend Zigarren enthielt, ausgewählt aus zwanzig kubanischen Marken, darunter auch solche Formate, die nicht auf dem Markt bzw. seit vielen Jahren nicht mehr hergestellt worden sind, so etwa die Partagas Salomon No. 2 (6¼ Inches lang [171 mm] mit einem Ringmaß von 56) und die Punch Diademas Extra (9¼ Inches lang [235 mm] mit einem Ringmaß von 47). Der Verkaufspreis eines dieser handgemachten Zedernholzschränkchen, die mit einem neuartigen Befeuchtungssystem ausgestattet sind, belief sich auf 100 000 US-Dollar.

Habanos S. A. stellte auch spezielle limitierte Ausgaben von nicht im Handel erhältlichen Zigarren her, wie etwa der Cuaba Distinguidos (6⅛ x 52), der Montecristo Robusto (4⅞ x 50) und der Cohiba Piramide (6⅛ x 52), die alle in Keramikkrügen zu je 25 Zigarren steckten. Die Preise dieser Gegenstände werden in den nächsten Jahren wahrscheinlich ebenfalls steigen.

Die Welt
der Zigarre

Kuba

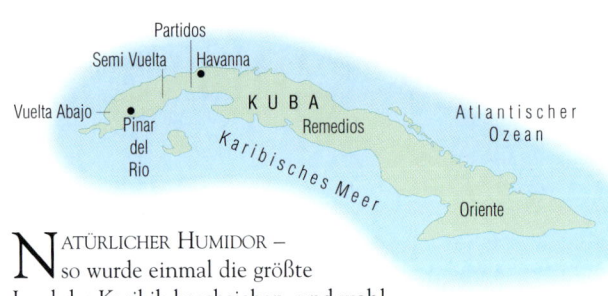

NATÜRLICHER HUMIDOR –
so wurde einmal die größte
Insel der Karibik beschrieben, und wohl
nur wenige würden bestreiten, dass in der Heimat der Cohiba und
der Montecristo der beste Tabak für Zigarren wächst und dass von
dort – im Großen und Ganzen – die wohl besten Zigarren kommen,
die insgesamt produziert werden.

*Das wichtigste kubanische Tabakanbaugebiet ist die Vuelta Abajo im Westen der
Insel, gelegen in der Provinz Pinar del Rio. Gerade der Boden dieses Fleckchens
Erde ist, begünstigt noch durch das subtropische Klima, ideal für den Anbau jener
Tabakpflanzen, aus denen später einmal Havannas werden. Genau genommen darf
auch nur solch eine Zigarre die Bezeichnung »Havanna« tragen, deren Rohstoffe
aus der Vuelta Abajo kommen.*

VEGAS

Der überwiegende Teil des Tabaks wächst auf kleinen Plantagen, den *Vegas*, die zwischen 5 und 150 Hektar groß sind. Einige von ihnen befinden sich in Privatbesitz, so auch die berühmte Plantage Vega Robaina. Alle verkaufen ihren Tabak jedoch ausschließlich und zu festgesetzten Preisen an die staatliche Gesellschaft Habanos S. A.

In der Provinz Pinar del Rio werden ungefähr 100 000 Hektar für den Tabakanbau genutzt. Vor allem jene Plantagen der Vuelta Abajo, die nahe der Städte San Juan y Martinez und San Luis liegen, bringen den besten Tabak für die späteren Havannas hervor. In diesem kleinen Gebiet werden nur ca. 5 000 Hektar Land zum Anbau von Einlage- und Umblättern genutzt, während 2 500 Hektar dem Anbau von Deckblättern vorbehalten sind. Zu den berühmtesten *Vegas* zählen hier Hoyo de Monterrey (für Einlageblätter) und El Corojo (für Deckblätter). Jenseits der Provinz Pinar del Rio, in der Nähe von Havanna, genauer gesagt in der Partido-Region, werden ebenfalls Deckblätter hoher Qualität gezogen. Wie schon erwähnt, werden auf Kuba auch maschinell gefertigte Produkte hergestellt. Außerdem verlassen ca. 300 Millionen Zigarren für den großen heimischen Bedarf die Fabriken, freilich nicht in Exportqualität.

Das zweitwichtigste Anbaugebiet in der Provinz Pinar del Rio schließt sich an die Vuelta Abajo an und wird als Semi Vuelta bezeichnet. Die dort produzierten Blätter sind dicker und haben ein strengeres Aroma als jene aus der Vuelta Abajo. Sie werden folglich fast nur für die Deckung des heimischen Bedarfs verwendet. Auch in der Provinz Oriente am östlichen Ende der Insel und in der Provinz Remedios (Vuelta Arriba) im Zentrum des Landes wird Tabak angebaut. Den Blättern dieser Gebiete wird jedoch keine Exportqualität zugemessen.

DER WACHSENDE MARKT

Bei Einsetzen der kubanischen Revolution wurden ca. 44 Millionen handgemachte Zigarren in mehr als tausend verschiedenen Variationen (Marken und Formate) für den Export hergestellt. Kurz nach der Revolution fiel diese Zahl auf 30 Millionen. Als Folge der Rationalisierungsmaßnahmen bei Formaten und Marken in den Jahren von 1979 bis 1993 verschwanden auch ungewöhnliche (handgemachte) Formate, so etwa von Gispert, José Gener, José Piedra und Por Larrañaga. Andererseits erschien 1966 die (mittlerweile berühmte) Marke Cohiba neu auf dem Markt. Die Herstellung der Havannas von Davidoff, 1969 erstmals erschienen und als Flaggschiff gedacht, wurde 1990 nach einem Disput zwischen Davidoff und Cubatabaco eingestellt.

Als Folge unvorhergesehener Regenfälle (1991 und 1992) sowie der Stürme im Jahre 1993 fiel die Produktion handgemachter

Havannas innerhalb von vier Jahren von 80 Millionen (1990) auf lediglich 50 Millionen (1994). Das führte weltweit zu einer Verknappung und somit Verteuerung. Mit dem einsetzenden Zigarren-Boom stieg jedoch auch die Produktion erneut an, so dass sich 1997 die Zahl der Havannas auf 86 Millionen belief und 1998 gar auf über 100 Millionen. Für die Zukunft planen die Kubaner einen weiteren Produktionsanstieg, da der Zigarrenexport eine wesentliche Devisenquelle darstellt. Mittlerweile sind etliche neue Fabriken hinzugekommen, die größtenteils in den Provinzen liegen, und so zählt man inzwischen mehr als dreißig Betriebe, in denen *Tabaqueros* ihrer Arbeit nachgehen. Heutzutage steht auch wesentlich mehr Land für den Tabakanbau zur Verfügung als noch zu Beginn der neunziger Jahre.

DIE ZUKUNFT

Gleichzeitig wurde die Handfertigung einiger Marken wie La Flor de Cano und Por Larrañaga eingestellt (sie werden nur noch maschinell gefertigt). Andererseits sind neue Marken wie Vegas Robaina, Cuaba und Trinidad eingeführt worden, wurden bereits bestehende Marken durch neue Formate erweitert. Als letzte wurde im November 1999 die San Christobal auf den Markt gebracht.

Bei Niederschrift waren einundzwanzig Havanna-Marken erhältlich (wobei einige Marken auch maschinell gefertigte Formate in ihrem Sortiment haben). Die große Frage ist natürlich, welchen Effekt dieser riesige Produktionszuwachs auf die Qualität haben wird.

Was wird wohl erst geschehen, wenn die Vereinigten Staaten ihr Embargo über Kuba aufheben? Abgesehen vom weiten Feld, das sich für erbitterte rechtliche Auseinandersetzungen über den Besitz von Marken auftut, wird eine solche Veränderung wohl schließlich zu einem enormen Nachfragezuwachs in puncto Havannas führen, da sich dann der US-amerikanische Markt für kubanische Zigarren öffnen wird. Man kann leicht voraussagen, dass es zu Verknappungen und Preiserhöhungen kommen wird.

FÄLSCHUNGEN

Schon jetzt sind gefälschte Havannas ein großes Problem, aber in Zukunft – vor allem dann, wenn der Vorrat echter Zigarren die Nachfrage nicht mehr befriedigen kann – wird die Zahl der Fälschungen beträchtlich zunehmen. Um eine Vorstellung des Handelsvolumens mit gefälschten Zigarren zu bekommen, muss man nur einen Blick in das Jahr 1999 werfen, als sich eine riesige Ladung von 75 000 Zigarren, die in die Niederlande eingeführt werden sollte und angeblich aus Havannas begehrter Marken bestand, samt und sonders als gefälscht erwies. Leicht hätten diese Fälschungen auf dem europäischen Markt ein Chaos anrichten können. Dabei handelte es sich hier lediglich um eine einzige Ladung. Die Spitze eines Eisbergs?

Empfehlenswerte Havannas

Die Produktpalette der Havannas hält sicherlich etwas für jeden bereit, vielleicht mit Ausnahme derjenigen, die sehr milde Zigarren bevorzugen.

Die Fabrik El Laguito.

COHIBA

Sowohl im Hinblick auf ihren Preis als auch auf ihr Prestige ist die Cohiba derzeit wohl die führende Zigarrenmarke weltweit, obwohl abzuwarten bleibt, ob ihr nicht im Laufe der Zeit dieser Rang von der Trinidad streitig gemacht wird. Gerüchten zufolge geht ihre Gründung, die 1966 vonstatten ging, auf eine Idee Che Guevaras zurück. Richtig ist immerhin, dass es Avelino Lara war, ein ehemaliger Spitzenroller und einer der größten Zigarrenexperten Kubas, der für ihre Entwicklung und ihren Erfolg maßgeblich verantwortlich zeichnete. Von 1968 bis 1994 leitete Lara die Fabrik El Laguito, die in einer ehemaligen Villa, gelegen in einem noblen Vorort von Havanna, untergebracht ist. Noch immer wird hier ein großer Teil der Cohibas produziert.

Die Cohibas waren ursprünglich ausländischen Staatsoberhäuptern und Diplomaten vorbehalten, wobei solch ein exklusives Geschenk durch Bauchbinden, die den Empfänger darstellten, eine zusätzliche Aufwertung erhielt. Das Originaldesign der Kiste ähnelt jedoch in keiner Weise jenen polierten Kisten, versehen mit der Abbildung eines Taino-Indianers, die 1982 anlässlich der Fußballweltmeisterschaft in Spanien in den öffentlichen Verkauf gelangten. War der Nachschub zunächst begrenzt, so ist die Cohiba seit Beginn der neunziger Jahre nahezu in aller Welt präsent.

Die Ursprünge der Marke sind keineswegs eindeutig. Es war kein Geringerer als Fidel Castro, so die derzeit akzeptierte Version, der über einen seiner Leibwächter auf Zigarren aufmerksam wurde, die der Roller Eduardo Rivera privat herstellte. Castro war so beeindruckt, dass er die offizielle Produktion der Zigarren in der Fabrik El Laguito anordnete und Rivera mit der Aufsicht betraute. Nach dem Willen ihrer Erschaffer sollte die Marke die beste auf dem Markt werden.

Da den Herstellern der Cohiba die Qualität über alles geht, werden auf ihrem Weg zur Zigarre höchste Standards streng befolgt. So wählt man die besten zur Verfügung stehenden Blätter aus (»Die Selektion der Selektion«, wie Lara sie gerne nennt), und so vertraut man auf die erfahrensten *Torcedores*. Der einzigartige Geschmack erklärt sich aus dem Umstand, dass die zur Herstellung der Einlage verwendeten *Ligero*- und *Seco*-Blätter dreimal fermentiert werden (während normalerweise die Blätter diesen Prozess nur zweimal durchlaufen). Die abschließende Fermentation, die oft achtzehn Monate dauert, erfolgt in Fässern, die in der Fabrik selbst stehen.

Bestand die Marke 1966 noch aus lediglich drei Formaten, so kamen 1989 drei weitere hinzu. Im November 1992 stellten dann die Kubaner in London die fünf Formate der Siglo-Serie der Öffentlichkeit vor, und zwar anlässlich des fünfhundertsten Jahrestages der Reise des Kolumbus.

Cohibas sind würzig und haben einen mittleren bis vollen Körper, wobei die Formate der Siglo-Serie im Allgemeinen etwas leichter sind als die des Standardsortiments. Die Robusto ist die wohl reichste Zigarre, ein Favorit erfahrener Raucher, gefolgt von der Esplendido. Kleine Formate wie die Panetela, die keinen *Ligero* enthalten, sind bedeutend milder.

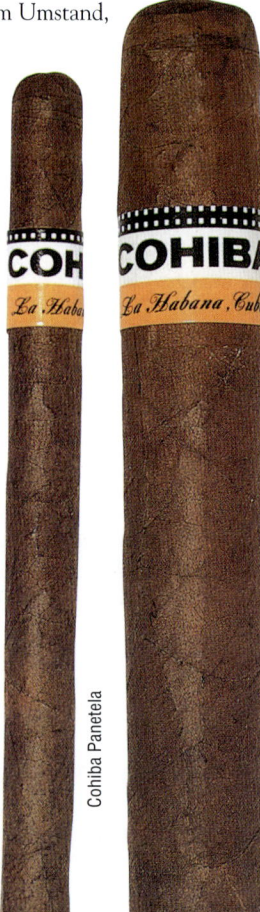

Cohiba Panetela

Cohiba Robusto

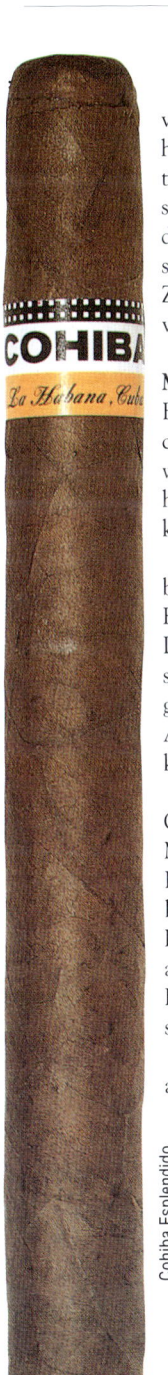

Cohiba Esplendido

In der Dominikanischen Republik werden Cohibas von General Cigar für den US-amerikanischen Markt hergestellt. Zwar sind die Aufschriften auf ihren Kisten und Bauchbinden identisch mit denen der kubanischen Version, doch präsentieren sich einige Elemente des Verpackungsdesigns anders. Ähnlich verhält es sich mit dem Rauchgenuss: Die dominikanischen Zigarren kann man mit den Havannas absolut nicht vergleichen.

MONTECRISTO

Bevor die Cohiba offiziell zu haben war, galt die Montecristo als *die* Zigarrenmarke schlechthin, besaß sie doch weltweit das höchste Prestige, insbesondere auch deshalb, weil Ende der achtziger Jahre die Produktion der kubanischen Davidoffs eingestellt worden war.

Nicht zuletzt die Popularität der Marke trägt dazu bei, dass die Montecristos sehr viel teurer sind als jene Havannas, die einen weniger illustren Namen tragen. Der wiederum leitet sich, so die allgemein gültige Version, von dem Roman *Der Graf von Monte Christo* ab, gehörte doch das Werk von Alexandre Dumas dem Älteren einst zu den beliebtesten Romanen, die in kubanischen Fabriken vorgelesen wurden.

Die Marke, 1935 von den Familien Menendez und Garcia gegründet, war zunächst nur in begrenzten Mengen und lediglich in fünf Formaten erhältlich. Zu Beginn waren die Montecristos nichts anderes als Ableger der Marke H. Upmann, welche die genannten Familien erworben hatten. Schließlich kam die Linie auf Geheiß des britischen Zigarrenimporteurs John Hunter zu eigenen Ehren und erhielt ihr unverwechselbares Logo der gekreuzten Schwerter.

Die neue Marke florierte zunächst in New York, vor allem durch das dortige Dunhill-Geschäft, während sie

in Europa erst nach dem Zweiten Weltkrieg populär wurde. Zu jener Zeit wurde der neuen Linie auch ein neues Format (Tubos) hinzugefügt. Anfang der siebziger Jahre folgten weitere sieben Formate, darunter der Favorit vieler Raucher aus der Welt des Business und des Films, die massive Montecristo A, sowie die Especiales mit ihrem gezwirbelten Mundstück. Bei Niederschrift befanden sich elf Formate im Handel.

Mit ihren einfachen braun-weißen Bauchbinden weisen die Montecristos einen für sie charakteristischen Geschmack auf: Der mittelstarke bis volle Körper ist

Montecristo Tubos

zwar streng, doch aromatisch, wozu auch die leicht öligen Blätter beitragen. Die Komposition geht auf den großen Zigarrenmacher José Manuel Gonzalez zurück, auch unter seinem Beinamen Masinguilla, »Masseur«, bekannt.

Die No. 2, eine Piramide, hat einen sehr vollen Körper und ist ebenso zu empfehlen wie die No. 1, die No. 3 und die No. 4, wobei die No. 2 analog der Montecristo A eine vierte Blattsorte in der Einlage hat und auch die einzige ist, die gut nachreift.

Die Familie Menendez entfloh der kubanischen Revolution auf die Kanarischen Inseln und brachte dort die Marke Montecruz auf den Markt (heute in der Dominikanischen Republik hergestellt), deren Kisten und Bauchbinden denjenigen der Montecristo auf verwirrende Weise glichen. Für weitere Verwirrung sorgte die Einführung einer dominikanischen Montecristo in Nordamerika Mitte der neunziger Jahre durch Consolidated Cigar. Bei dem Logo für diese Zigarren hat man gegenüber der kubanischen Version lediglich das Wort »Habana« durch die Buchstabenkombination »MyG« (für Menendez und Garcia) ersetzt.

Montecristo No. 2

TRINIDAD

Vor ihrer offiziellen Markteinführung im
Februar 1998 war diese Havanna-Marke
ebenso selten wie sagenumwoben. Zunächst wurde ihre Existenz 1992 durch
einen Journalisten bestätigt, der die Fabrik El Laguito besucht hatte. Keiner
weiß jedoch so genau, wer nun wirklich
für die Existenz der Trinidad verantwortlich ist. Einige behaupten, es sei Fidel
Castro selbst gewesen, andere, das kubanische Außenministerium sei für die
Entstehung der Trinidad verantwortlich.

Die heute erhältlichen Zigarren sind anders als jene, welche vor
der Markteinführung den wenigen Auserwählten vorbehalten waren.
Einige, die in ihren Genuss kamen, bescheinigten der Zigarre einen
zu erdigen und schweren Geschmack.

Nach wie vor nur in einem Format (Fundadores) erhältlich, hat
die Trinidad mit ihrem Ringmaß von 40 statt 38 ein wenig an Lei-
besfülle gewonnen. Die Länge beträgt unverändert 7½ Inches
(187,5 mm), jedoch hat sich die Einlage verändert, so dass sie nun
subtiler, lieblicher und weniger voll im Geschmack ist.

In Kisten zu 24 und 50 Stück angeboten, springt einem beim Öffnen solch einer Kiste die elegante, schlicht gehaltene Bauchbinde ins
Auge, auf deren goldenem Untergrund der in Schwarz gedruckte
Markenname zu lesen ist. Es gibt Pläne, ein Sortiment herauszubrin-
gen (was bei Niederschrift jedoch noch nicht geschehen ist).

PARTAGAS

1845 von Don Jaime
Partagas gegründet, ist
sie eine der ältesten
und bekanntesten Ha-
vannas, die sich noch
im Handel befinden.
Es gibt über vierzig
verschiedene Partagas-
Formate, von denen
allerdings viele ma-
schinell gefertigt sind.
Die Marke erfreute

sich besonders in den zwanziger und dreißiger Jahren großer Beliebtheit, und auch heute hat sie noch etliche treue Anhänger unter Lieb-
habern von Zigarren mit erdigem Geschmack und vollem Körper
sowie einem angenehmen Aroma.

Es sollten die größeren, meist ausgezeichneten Formate bevorzugt werden, da viele der kleineren nicht sehr gut gemacht sind. Zu vermeiden sind außerdem die maschinell gefertigten Exemplare, im Gegensatz etwa zu der gut gemachten Lusitanias, einer Double Corona, die ein feines Bouquet und einen leicht süßen, vollen Geschmack hat.

Mir mundet auch die Churchill de Luxe. Die No. 4 der D-Serie, eine Robusto, hat die typische Qualität der größeren Formate dieser Marke, und trotz ihres starken und recht bitteren Nachgeschmacks ist sie für viele die ideale Wahl nach einem schweren Mahl. Nicht vergessen werden darf die gut gemachte Seleccion Privada No. 1, eine lange Panatela.

Auch die 8-9-8, bei der es sich im Grunde um eine etwas längere Lonsdale handelt, ist zu empfehlen, ebenso die Corona Grande. Beide haben einen für eine Partagas relativ weichen Geschmack. Das Sortiment enthält auch das ungewöhnliche Culebras-Format (mit gezwirbeltem Mundstück).

Insgesamt reifen die Partagas-Zigarren gut nach und sie sind etwas dunkler als der Durchschnitt der übrigen Havannas.

General Cigar stellt auch eine dominikanische Version Partagas her. Dort, wo bei den kubanischen Gegenstücken das Wort »Habana« auf der Bauchbinde zu lesen ist, steht die Jahreszahl »1845«.

Partagas
Serie D No. 4

Rechts:
Partagas Culebras.

VEGAS ROBAINA

Hierbei handelt es sich um eine relativ neue Havanna-Marke. 1997 auf den Markt gebracht und ursprünglich nur in Spanien erhältlich, ist sie heute weiter verbreitet. Sie wurde nach Don Alejandro Robaina benannt, dem womöglich besten Tabakanbauer Kubas. Ein Teil seines Erfolgs und der Grund für die Qualität seines Blattes hängen sicherlich mit seiner langen Erfahrung zusammen. Seit 1950 leitet Don Alejandro die Familienplantagen in einer Tradition, die bis in die Mitte des 19. Jahrhunderts zurückreicht. Während die Blätter für die Einlage in der Vuelta Abajo im Gebiet San Luis wachsen, stammen alle anderen von der berühmten Vega Alejandro, die für ihre hohen Erträge bekannt ist.

Bei Niederschrift hatten sich diese Zigarren noch nicht richtig etabliert, und es ist schwierig, einen akkuraten Gesamteindruck des Sortiments zu geben. Die Formate mit den größeren Ringmaßen scheinen paradoxerweise leichter zu sein als die mit den kleineren; einige Zigarren sind mittelstark bis voll, andere dagegen leicht bis mittelstark. Doch generell kann eine so junge Marke erst richtig beurteilt werden, wenn ihre Zigarren einige weitere Jahre gereift sind.

Einen Versuch lohnen auf jeden Fall die Unicos, eine Pyramide, sowie die Familiar, eine Corona, wobei Letztere als ausgezeichnete Zigarre mit bemerkenswerter Würze angesehen werden kann. Die Marke besteht aus fünf großen Formaten, alle mit einem Ringmaß, das wenigstens 42 beträgt, während sich die Längen zwischen 5 und 7⅝ Inches bewegen (127 mm und 194 mm).

BOLIVAR

Namensgeber dieser 1901 gegründeten berühmten Marke war der südamerikanische Unabhängigkeits-kämpfer Simón Bolívar, dessen Porträt Kiste und Bauch-binde ziert.

Für eine Havanna ist die Bolivar relativ preiswert. Sie hat einen sehr vollen Körper und empfiehlt sich daher nicht für Anfänger. Für den Geschmack ist ein ungewöhnlich hoher *Seco*-Anteil in der Einlage verantwortlich. Bolivars reifen gut nach.

Das Sortiment enthält neunzehn handgemachte Formate, aber auch einige maschinell gefertigte. Bei erfahrenen Fans schwerer Zigarren erfreuen sich die größeren Formate enormer Beliebtheit. Sie haben ein kräftiges Aroma, einen guten Zug und eine bessere Machart als die kleineren. Nach einem schweren Dinner wird gern zu den Belicosos Finos (im Torpedo-Format) gegriffen, und die Royal Corona, eine Robusto, empfiehlt sich als kurzer, aber kräftiger Smoke nach einem guten Lunch. In sehr ähnlicher Verpackung befinden sich übrigens auch dominikanische Bolivars auf dem Markt.

Einst gehörte die Delgado zu dieser Marke – eine Zigarre von etwas weniger als 2 Inches Länge mit einem Ringmaß von 20 (und mithin die kleinste jemals handgemachte Havanna).

Bolivar Belicosos Finos

H. UPMANN

Eine der ältesten kubanischen Marken, 1844 von dem Bankier Herman Upmann in der Absicht, seine Geschäfte auf die Zigarrenproduktion auszuweiten, ins Leben gerufen. Im Übrigen geht auf diese Marke die Einführung der Zedernholzkiste in der Form zurück, wie wir sie heute kennen. Außerdem führte die Firma in den dreißiger Jahren die mit Zedernholz ausgekleidete Aluminiumhülse ein.

Als die Upmann-Bank 1922 zusammenbrach, wurde die Zigarrenproduktion von der britischen Firma J. Frankau übernommen, die sie 1935 ihrerseits an Menendez y Garcia weiterverkaufte. Eine neue Fabrik, die neun Jahre später mitten in Havanna eröffnet wurde, um das hundertjährige Bestehen der Marke zu würdigen, produziert noch heute H. Upmanns, obwohl die Familien Menendez und Garcia nach Castros Machtübernahme ins Ausland geflohen waren.

Die Kisten der Marke stellen herrschaftliche Insignien des spanischen Königs Alfonso XII. aus dem 19. Jahrhundert dar, außerdem Münzen in Anspielung auf die Bankursprünge der Marke.

Die Upmanns bieten meist einen glatten Rauchgenuss milder bis mittlerer Stärke und eignen sich daher sehr gut für Einsteiger und gelegentliche Raucher. Allerdings lässt sie die Machart mancher Zigarre bisweilen im Stich, dann nämlich, wenn die Zigarre überhitzt. Schuld daran ist wohl die Vielzahl der erhältlichen Formate (mehr als dreißig), von denen einige von der Größe her identisch und zahlreiche maschinell gefertigt sind, während eine Hand voll auch in Hülsen verkauft wird.

Neben den Havannas existieren dominikanische Upmanns in täuschend ähnlicher Verpackung. Der einzige Unterschied ist der, dass auf den nichtkubanischen Etiketten, Bauchbinden und Hülsen »H. Upmann 1844« statt »H. Upmann Habana« zu lesen ist.

ROMEO Y JULIETA

1875 ursprünglich für den heimischen kubanischen Markt gegründet, ist ihr internationaler Erfolg »Pepin« Rodriguez Fernandez zu verdanken. 1903 gab er seine Position als Leiter einer Zigarrenfabrik auf, um von seinen Ersparnissen die Fabrik der Romeo y Julieta zu kaufen. Durch seine unermüdlichen, an Besessenheit grenzenden Bemühungen und die Unterstützung seiner Mitarbeiter (leitende Angestellte waren am Gewinn beteiligt) brauchte die Romeo y Julieta lediglich zwei Jahre, um der Welt führende Marke zu werden.

Romeo Y Julieta Churchill

Es gab Zeiten, da die Fabrik dank der Rührigkeit ihres Besitzers auf dem Marketing- und Werbesektor nicht weniger als 20 000 verschiedene Bauchbinden herstellte, um die Zigarren mit den Köpfen von Staatsoberhäuptern, Berühmtheiten und guten Kunden zu zieren. Noch vor seinem Tod im Jahre 1954 beschloss Rodriguez, seine vom Volumen her größte Zigarre nach Winston Churchill zu benennen. Zuvor hatte er Zigarren desselben Formats nach dem Prinzen von Wales und dem zweimaligen französischen Ministerpräsident Georges Clemenceau benannt.

Mit über vierzig Formaten, von denen viele in Aluminiumhülsen verkauft werden, ist das Sortiment durchaus riesig zu nennen. Es gibt außerdem eine große Zahl maschinell gefertigter Formate. Viele Romeo y Julietas sind ausgezeichnete Havannas klassischen Stils. Allgemein ist die Marke mild bis mittelstark, auch wenn die Churchill-Formate einen volleren Geschmack mit einem eindrucksvollen Aroma haben. Von den Hülsenversionen kann indes kein hoher Reifegrad erwartet werden.

Die Zigarren der Cedros-de-Luxe-Serie (in Zedernholz gehüllt) sind alle sehr gut, allerdings sollte man darauf achten, dass die Kiste bzw. die Hülse tatsächlich den Aufdruck »de Luxe« aufweist, da sonst mit Sicherheit maschinell gefertigte Exemplare erworben werden. Auch die Corona ist eine gute Zigarre, und nach einem reichen Mahl garantiert für viele Kenner das Robusto-Format Exhibition No. 4 einen erfreulichen Rauchgenuss.

Im Handel finden sich auch Romeo Y Julietas, die aus der Dominikanischen Republik und Honduras kommen. Ihre Bauchbinden ähneln den kubanischen sehr, haben allerdings einen anderen Aufdruck.

Punch
Double Corona

PUNCH

Die 1840 von Manuel Lopez gegründete Punch ist die zweitälteste Havanna-Marke, die noch produziert wird. Vorwiegend in der La-Corona-Fabrik hergestellt, gehört sie zu den bekanntesten und verbreitetsten Havannas mit einer riesigen Auswahl an Formaten, von denen viele sowohl von Hand als auch maschinell, andere dagegen (so Palmas Reales und Exquisitos) nur maschinell gefertigt werden. Die Marke wurde ursprünglich für den britischen Markt kreiert, weshalb sie den Namen des berühmten englischen Satiremagazins *Punch* trägt.

Die Zigarren sind mild bis mittelstark und von leicht süßem Geschmack. Mit ihrem beachtlichen Bouquet und ihrem würzigen Duft können die relativ preiswerten Punchs sehr gut sein. Am besten hält man sich an die großen Formate wie die volumige Punch Punch (die gut reift), die Churchill und die Double Corona. Übrigens ist zu beachten, dass einige Formate in verschiedenen Ländern verschiedene Bezeichnungen tragen – wohl nur, um den Kunden zu verwirren.

Es gibt auch eine honduranische Punch, aber glücklicherweise tragen ihre Formate trotz der ähnlichen Verpackung meistens andere Namen als die der Havannas.

SAINT LUIS REY

Die Saint Luis Rey gehört mit ihrem vollen bis sehr vollen Körper und ihrer hohen Qualität zu meinen Lieblingsmarken. Ihre Zigarren weisen ein Deckblatt auf, das dunkel, glatt und ölig ist, und haben einen viel subtileren Geschmack als die Zigarren bekannterer Marken mit vollem Körper, wie etwa die Partagas oder die Bolivar. Und sie haben ein ausgezeichnetes Aroma.

Die Marke wurde in den vierziger Jahren des 20. Jahrhunderts von den britischen Importeuren Nathan

Saint Luis
Rey Corona

Silverstone und Michael de Keyser gegründet und nach Thornton Wilders Roman *Die Brücke von San Luis Rey* benannt.

Auf keinen Fall sollte man die *Saint* Luis Reys mit der Marke *San* Luis Rey verwechseln, die in Kuba für den deutschen Markt hergestellt wird, und auch nicht mit den in Deutschland maschinell gefertigten Massenprodukten, die ebenfalls San Luis Rey heißen.

RAMON ALLONES

Diese älteste unter den noch bestehenden Havanna-Marken wurde 1837 gegründet. Der aus dem spanischen Galicien nach Kuba eingewanderte Ramon Allones war der erste Zigarrenhersteller, der die 8-9-8-Verpackung einführte und seine Zigarrenkisten mit Lithographien verzierte. Noch immer sind die Ramon-Allones-Kisten recht farbenfroh: Den Deckel ziert das Wappen des spanischen Königshauses auf einem leuchtend grünen Hintergrund.

Die Ramon Allones, die seit den zwanziger Jahren in der Partagas-Fabrik hergestellt werden, sind die erste Wahl vieler Liebhaber von Zigarren mit vollem Körper, empfehlen sich daher nicht für Einsteiger. Das kleine, aber interessante Sortiment besteht (neben einigen maschinell gefertigten) aus acht handgemachten Formaten, von denen die meisten gut reifen. Mit ihren dunklen Deckblättern hoher Qualität haben die Zigarren ein betontes Bouquet und verfügen über gute Brenneigenschaften sowie eine zufriedenstellende Machart.

Während man die schlanken Ramonitas meiden sollte, sind die 8-9-8 Churchill, die

Ramon Allones Specially Selected

Specially Selected und die Coronas Gigantes für einen intensiven Rauchgenuss nach einem ausgedehnten Mahl umso empfehlenswerter.

Von den Ramon Allones gibt es auch eine Version aus der Dominikanischen Republik. Sind die Bauchbinden denen der Havannas sehr ähnlich, so tragen die Formate andere Namen.

Cuaba Tradicionales

Die Cuaba, eine der neueren kubanischen Marken, lässt das Figurado-Format wieder zu Ehren kommen.

CUABA

Diese ausgezeichneten milden bis mittelstarken Zigarren wurden im Herbst 1996 in London auf den Markt gebracht und sind insofern ungewöhnlich, da das gesamte Sortiment (vier Formate) ausschließlich aus Figurado-Formaten besteht, die sich am Brandende verjüngen.

Der Name der Marke, deren Zigarren aus der Romeo-y-Julieta-Fabrik kommen, geht zurück auf ein Wort der Taino-Indianer, die damit eine leicht entzündliche Buschpflanze (heute noch auf Kuba zu finden) bezeichneten. Die Formate weisen Längen zwischen 4 und 5⅝ Inches sowie Ringmaße zwischen 42 bis 46 auf.

HABANA · CUBA

RAFAEL GONZALEZ

Alle nennen sie Rafael Gonzalez, obwohl der volle
Name dieser Marke Flor de Rafael Gonzalez ist. Sie ist
ein Favorit unter anspruchsvollen Rauchern und er-
freulicherweise auch noch relativ preiswert. Die Zigarren guter Machart mit recht zufriedenstellendem
Brandverhalten haben trotz großer bis sehr großer
Milde einen beachtlich reichen und subtilen Geschmack mit angenehmem Aroma. Jedes ihrer nur
neun Formate verfügt über ein Aroma von Klasse.

Die Rafael Gonzalez wurden ursprünglich für den
britischen Markt kreiert, und so trägt die Kiste eine
Aufschrift in englischer Sprache folgenden Inhalts:
»Diese Zigarren wurden hergestellt aus einer Geheim-
mischung aus reinen Tabaken der Vuelta Abajo, ausgewählt von Marquez Rafael Gonzalez, Grande von
Spanien. Diese Marke besteht seit über 20 Jahren. Um
ihr perfektes Aroma voll und ganz würdigen zu können, sollte der Connaisseur sie entweder innerhalb
eines Monats nach dem Tag der Versendung aus Havanna rauchen oder sie ungefähr ein Jahr lang sorgfältig lagern.« Früher zierte übrigens das Porträt des
großen Zigarrenliebhabers Lord Lonsdale die Innenseite des Deckels.

Die Lonsdale und die Corona Extra sind einen Versuch wert. Sogar das Cigarrito-Format mit seinem sehr
kleinen Ringmaß von 26 ist ein guter Smoke. Überhaupt dürfte der milde Geschmack der eleganten kleineren Zigarren – mit ungewöhnlich hoher Qualität
für ihr jeweiliges Format – bei Einsteigern wie in der
Damenwelt Anklang finden.

Rafael Gonzalez
Lonsdale

HABANA · CUBA

HOYO DE MONTERREY

Diese berühmte milde Marke wurde 1865 von José Gener gegründet, zuvor Tabakpflanzer, dessen Plantage außerhalb des Dorfes San Juan y Martinez in der Vuelta Abajo noch immer einige der feinsten Um- und Einlageblätter innerhalb der Havanna-Familie produziert.

Früher bestand die Marke vor allem aus großen Formaten, bis 1970 die Le-Hoyo-Serie aus »zugänglicheren« Formaten in das Sortiment aufgenommen wurde. Die Hoyo de Monterreys sind im Allgemeinen glatt, leicht duftend und subtil – zu langweilig für einige. Dagegen sind die Le Hoyos ein wenig würziger und haben einen volleren Körper als das übrige Sortiment. Die berühmteste Hoyo ist die Double Corona. Während des Zigarrenbooms der neunziger Jahre waren diese großen, reichen und subtilen Zigarren, hergestellt in der La-Corona-Fabrik, äußerst begehrt.

Andere große Formate wie die Churchill und die riesige Particulares (9¼ x 47) wurden aus dem Sortiment genommen. Auch die Epicure No. 1 und die Epicure No. 2, eine Robusto, sind einen Versuch wert, sofern Sie milde Zigarren hoher Qualität mögen. Hoyos reifen nicht besonders gut.

Es gibt auch sehr gute, wenn auch ganz anders kreierte Hoyo de Monterrey aus Honduras. Ihre Bauchbinden sind den kubanischen zwar ähnlich, weisen jedoch feine Unterschiede auf (so etwa das Fehlen des Aufdrucks »Habana«).

EL REY DEL MUNDO

Diese Zigarren von mildem bis mittlerem Geschmack, deren Herstellung von der Fabrik Romeo y Julieta kontrolliert wird, werden von vielen langjährigen Rauchern bevorzugt. Die Marke, die 1882 von Antonio Allones' Firma gegründet wurde, wartet mit gut gemachten Zigarren auf (von den maschinell hergestellten Formaten einmal abgesehen), die über ein feines, öliges Deckblatt verfügen. Sogar die größeren Formate sind recht mild.

Die honduranischen El Rey del Mundos haben völlig andere Namen, jedoch ähnliche Bauchbinden, bei denen »Habana« durch »Imported« ersetzt worden ist.

SAN CHRISTÓBAL

Diese Marke, benannt nach der ehemaligen Hauptstadt Kubas, wurde im November 1999 auf den Markt gebracht und war somit bei Niederschrift die jüngste der Havanna-Familie. In der Fabrik La Corona entwickelt und hergestellt, haben die sehr guten Zigarren einen reichen, vollen Geschmack.

Die San Christóbals weisen lediglich vier Formate auf. Zwei davon, La Fuerza (5½ x 50) und El Moro (7⅛ x 49), sind ausschließlich dieser Marke vorbehaltene Neuschöpfungen.

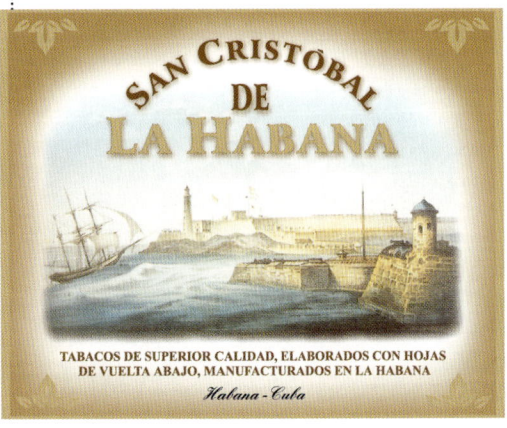

Die neueste Havanna-Marke.

FONSECA

Die 1891 von F. E. Fonseca gegründete Marke weist nur wenige Formate auf. Außerhalb Spaniens nicht sehr bekannt, zählt sie dort jedoch zu den Favoriten erfahrener Raucher. Fonsecas ruhen, einzeln in Seidenpapier gehüllt, in Kisten, auf denen sowohl das Morro-Kastell von Havanna als auch die Freiheitsstatue abgebildet sind – gleichsam eine Reminiszenz an die guten alten Tage vor dem US-Embargo.

Fonsecas sind leichte, milde bis mittelstarke Zigarren mit einem etwas salzigen Geschmack.

Die dominikanische Version der Marke ist bereits seit 1965 auf dem Markt, und zwar mit fast identischen Bauchbinden, auf denen lediglich »Habana« durch »Imported« ersetzt ist.

LA GLORIA CUBANA

Eine Marke mit einer ebenso alten wie bewegten Geschichte, da sie nach der kubanischen Revolution zunächst aufgegeben worden war, um in den siebziger Jahren erneut das Sortiment der in der Partagas-Fabrik hergestellten Zigarren zu erweitern. Inzwischen sind jedoch einige Formate aus dem Programm genommen worden.

Mit ihrem reichen, aromatischen und pfeffrigen Geschmack sind diese Zigarren mit mittlerem bis vollem Körper etwas milder als die Partagas. Der Teil des Sortiments mit der Bezeichnung Médaille d'Or wird im 8-9-8-Muster in lackierten Kisten angeboten.

Früher in den USA produziert, wird heute eine sehr gute Version in der Dominikanischen Republik hergestellt, die mittlerweile ebenfalls eine Médaille-d'Or-Serie im Sortiment hat.

Fonseca
Cosacos

La Gloria Cubana
Médaille d'Or No. 1

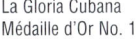

JUAN LOPEZ

Die Formate dieser sehr milden, wohlriechenden Marke, einst nur in Spanien auf dem Markt, gefällt nicht wenigen Zigarrenliebhabern als Rauchgenuss während des Tages. Der Seleccion No. 1 sollte man ebenso besondere Aufmerksamkeit schenken wie der Seleccion No. 2.

Juan Lopez
Slimaranas

Sancho Panza
Non Plus

SANCHO PANZA

Ideal für den Einsteiger, jedoch nicht wirklich für den erfahrenen Connaisseur geeignet. Diese Zigarren sind sehr mild – einige Raucher würden subtil sagen, andere fad (abgesehen von einem gelegentlich salzigen Geschmack). Sogar die größten Formate (einschließlich der Sanchos von der Größe einer Montecristo A) sind mild. Versuchen sollte man die Molino (eine Lonsdale) oder die gut gemachte Corona Gigantes.

Quintero
Panetela

QUINTERO

Ein guter, milder Smoke, jedoch nicht besonders distinguiert. Die Marke wurde in den zwanziger Jahren an der Südküste Kubas von Augustin Quintero gegründet und galt deshalb so lange nicht als echte Havanna, bis die Produktion 1940 in die Hauptstadt verlegt wurde und man damit begann, Tabak aus der Vuelta Abajo zu verwenden.

Heute findet die Marke weite Verbreitung, da viele Quinteros maschinell gefertigt und in großen Stückzahlen verkauft werden. Da einige wiederum mit der Bezeichnung »hand-finished« versehen sind, sollten Sie jede Quintero-Kiste sorgfältig prüfen.

DIPLOMATICOS

Das Diplomaticos-Sortiment mit Kutsche und Spruchbändern auf der Bauchbinde wurde 1966 ursprünglich für den französischen Markt kreiert. Die Zigarren dieses wenig umfangreichen Sortiments sind leider nur begrenzt erhältlich. Im Wesentlichen handelt es sich um Montecristos (natürlich mit anderem Etikett), was bisweilen geleugnet wird, und als solche handelt es sich um Zigarren hoher, reicher und subtiler Qualität, die zudem relativ preiswert sind. Sie sollten sie allerdings nicht mit der dominikanischen Marke Licenciados verwechseln, die mit einem ähnlichen Emblem aufwartet.

Ein Besuch in Havanna

El Floridita.

Havanna. Schon der Name selbst evoziert Gedanken an lange Nächte und ein aufregendes Leben – Cabarets, Casinos, Bars. Auch wenn vieles davon bei Castros Machtübernahme dem Kommunismus wich und dem Monte Carlo der Karibik der größte Teil seiner Korruption, aber auch seiner Farbe ausgetrieben wurde, so ist heutzutage ein Besuch der kubanischen Hauptstadt für jeden Besucher dennoch ein großartiges Erlebnis.

DIE ALTSTADT HAVANNAS, die dank ihrer beeindruckenden spanischen Kolonialarchitektur von der UNESCO zum Weltkulturerbe erklärt wurde, stammt zum größten Teil aus dem 18. Jahrhundert. Hier befinden sich einige der besten Bars der Stadt. Ihre Berühmtheit verdanken sie in nicht geringem Maße Ernest Hemingway, der Kuba bis zu seinem Tod 1961 treu blieb. Der große Schriftsteller wurde – und wird noch heute – auch mit bestimmten Bars in Verbindung gebracht. Sein Favorit war wohl El Floridita (353 Avenida de Belgica, Ecke Calle Obispo).

Hier trank und rauchte Hemingway – aber gibt es einen Ort, wo er das nicht tat?

EL FLORIDITA

Im Herzen des früheren Finanzdistrikts der Altstadt liegt diese für die kubanische Hauptstadt so typische Bar in unmittelbarer Nähe des ehemaligen Hotels Ambos Mundos, in dem »Papa« Hemingway vor dem Zweiten Weltkrieg zu logieren pflegte. Wie alle Bars auf der Insel befindet sie sich heute in Staatsbesitz, aber davon sollte man sich nicht entmutigen lassen. Mit ihren sorgfältig renovierten Dekorationen aus dem frühen 19. Jahrhundert und den Kellnern in schicker Livree kann sich das Etablissement mit jeder Nobelbar in Paris oder New York messen – was auch in den Preisen seinen Niederschlag findet. Wie in den meisten Hotels und Bars, die um ausländische Kunden bemüht sind, bezahlt man hier in US-Dollar.

Der wahre Grund für die Faszination der Bar El Floridita und dafür, dass sie Berühmtheiten wie Spencer Tracy und Marlene Dietrich in ihren Bann zog, ist unter dem Namenszug der Bar nachzulesen: »The Cradle of the Daiquiri«. Die Bar nimmt also für sich in Anspruch, die Wiege des Daiquiri zu sein – die Wiege, wohlgemerkt, nicht die Geburtsstätte, denn die befindet sich in Santiago de Cuba, wo irgendjemand auf die Idee kam, Bacardi und Maraschino, Grapefruitsaft, Limone und Zucker miteinander zu mischen, um dann das so entstandene Getränk nach den örtlichen Minen zu benennen. Von diesem Cocktail, mit dem die nur zu oft in vielen anderen Cocktailbars servierten lächerlichen Gebräue gleichen Namens nichts gemein haben, gibt es nicht weniger als acht Versionen. Das berühmte Hemingway-Porträt des Photographen Yousuf Karsh hängt übrigens noch immer an der Wand. Im El Floridita wird hauptsächlich Englisch gesprochen (es gibt eine Speisekarte in englischer Sprache), und dem Hungrigen steht das zwar teure, aber ausgezeichnete Restaurant offen.

La Bodeguita

Wenn Hemingway nicht gerade an der Theke des El Floridita hockte, machte er die wenigen Schritte zur Bar La Bodeguita del Medio (207 Empedrado), ein sehr verlotterter, wenngleich ebenso von der Schickeria frequentierter Ort, der 1942 gegründet wurde. Mit seinen Graffiti, den Photos und den Postern an der Wand ist dieser Ort eine lebhafte Reminiszenz an die Bars des Quartier Latin in Paris – ein Ort, der nicht nur Touristen anlockt, sondern auch das Stammlokal von Künstlern, Schriftstellern und anderen Intellektuellen ist.

*Links: El Patio. **Oben:** La Bodeguita.*

An die winzige Bar schließt sich im hinteren Teil ein kleines Restaurant an, in dem kreolische Spezialitäten serviert werden. Für die Unterhaltung sorgt ein für viele kubanische Bars und Restaurants typisches Gitarrentrio.

Abgesehen von der intellektuellen Gesellschaft war die Hauptattraktion für Hemingway im La Bodeguita der berühmte Mojito. Dieser erfrischende Cocktail aus Rum und Limonensaft, Soda, Angosturabitter und Zucker, garniert mit einem Minzezweig, wird hier fachmännisch hergestellt. Hinter der Theke hängt ein handgeschriebenes Dokument des berühmten Nobelpreisträgers. Dort ist, unterschrieben mit »E. Hemingway«, zu lesen:

> My *mojito* in La Bodeguita
> My *daiquiri* in El Floridita,

El Patio

Gleich bei La Bodeguita um die Ecke befindet sich auf dem Platz der Kathedrale El Patio, vielleicht die schönste, bestimmt jedoch eine der am besten gelegenen Bars in Havanna. Diese Lokalität blieb Hemingway vorenthalten, da sie erst 1963, also zwei Jahre nach »Papas« Tod, eröffnet wurde. Das Haus aus dem 18. Jahrhundert mit seinem von Arkaden gesäumten Portal und einem Brunnen verzierten Hof, der dem Lokal den Namen »El Patio« gab, wurde ehemals von dem wohlhabenden Marques de Aguas Claras bewohnt. Heute rühmt sich der Ort zweier Restaurants und Bars mit Innen- und Außenflächen.

Dominikanische Republik

Hispaniola, südöstlich von Kuba gelegen, teilen sich Haiti und die Dominikanische Republik. Da die nordwestliche Spitze der Insel nicht weiter als 60 Meilen vom südöstlichen Ende Kubas entfernt ist, gleicht sich das Klima auf beiden Inseln, so dass die Dominikaner ausgezeichnete Voraussetzungen für den Tabakanbau vorfinden.

Atlantischer Ozean

Santiago

Cibao-Tal

HAITI

DOMINIKANISCHE REPUBLIK

La Romana

Karibisches Meer

Hand made in the Dominican Republic

DAS CIBAO-TAL

Das Hauptanbaugebiet für Tabak ist das 140 Meilen lange Cibao-Tal. Die Fabriken gruppieren sich um Santiago im nördlichen Teil des Landes sowie um La Romana an der Südküste. Die beiden Tabaksorten *Piloto cubano* (aus kubanischen Saaten gezogen) mit vollem Aroma und langsamem Brandverhalten sowie *Olor* mit gutem Brandverhalten und leichter Süße gehören zu den gefragtesten der Dominikanischen Republik.

Die Tabak- und Zigarrenproduktion besteht seit vielen Jahrzehnten, doch erst während der letzten beiden ist das Land zu einem wichtigen Exporteur von Premium-Zigarren geworden.

*Die Region La Romana in der
Dominikanischen Republik.*

EXPORT IN DIE VEREINIGTEN STAATEN

Die Vereinigten Staaten bilden den größten Markt für dominikanische Zigarren. Der Export in die USA stieg von ca. fünf Millionen in der Mitte der siebziger Jahre auf über dreißig Millionen Anfang der achtziger Jahre – nachdem die amerikanischen Unternehmen General Cigar und Consolidated Cigar in die dortige Produktion eingestiegen waren. So ist beispielsweise die Fabrik der Consolidated Cigar Corporation in La Romana, nahe der luxuriösen Ferienanlage Casa de Campo gelegen, mit ihren äußerst modernen Techniken der Qualitätskontrolle weltweit eine der fortschrittlichsten Fabriken für handgemachte Zigarren.

BOOM-ZEITEN

Zu Beginn der neunziger Jahre stiegen die Exportraten der Dominikanischen Republik in Sachen Zigarren um ca. 5 Prozent pro Jahr. Diese Zahl schnellte 1993 mit dem Export von 55 Millionen handgemachten Zigarren in die Vereinigten Staaten hoch auf 18 Prozent, was dort etwas über die Hälfte der Gesamtzahl importierter handgemachter Zigarren ausmachte. 1994 stieg das Wachstum um weitere 20 Prozent, was zu einer Rohstoffverknappung für Zigarren der Spitzenqualität führte. Dennoch stieg die Produktionsrate weiter bis in die späten neunziger Jahre. Heute importieren die USA weit über 100 Millionen dominikanische Zigarren pro Jahr.

Der Zigarrenboom der neunziger Jahre brachte freilich Probleme besonderer Art. Die Verbreitung miserabel gemachter »Don Nobodys« aus schlechten Blättern diente niemandem. Mit dem Nachlassen des Booms ist die Situation nun wieder eine bessere.

Abgesehen von der Produktion ihrer eigenen Sortimente, von denen einige dieselben Namen wie berühmte kubanische Marken tragen, stellen die großen dominikanischen Fabriken Zigarren für berühmte Unternehmen wie Dunhill und Davidoff sowie Hausmarken für große Zigarrengeschäfte und Verteiler her.

Bis vor kurzem wurden in der Dominikanischen Republik vor allem Einlageblätter angebaut, während Deckblätter importiert wurden. Die Familie Fuente hat jedoch als Erste Anstrengungen unternommen, auch im Land selbst Deckblätter der Spitzenqualität zu produzieren (was sicherlich Nachahmer finden wird).

Berühmte Dominicanos

In der Regel sind dominikanische Zigarren erheblich preiswerter als vergleichbare handgemachte Havannas, aber nicht alle unten aufgeführten Marken finden weite Verbreitung. Es gibt viele Marken und Formate, wobei nur Liebhaber von Zigarren mit vollem Körper vielleicht nicht auf ihre Kosten kommen. Es folgt eine persönliche Auswahl.

Arturo Fuente
Reserva No. 2

ARTURO FUENTE

Der Name Fuente gehört zu den großen der dominikanischen Zigarrenproduktion und steht für die Hingabe an die höchsten Standards. Die Fuentes haben erreicht, was als unmöglich gegolten hatte: Sie produzieren auf ihrer Plantage Château de la Fuente in der Nähe von Caribe Deckblätter hoher Qualität. Zigarren der Marke Arturo Fuente sind im allgemeinen mild bis mittelstark, wobei die reiche Opus-X-Serie mit ihren vor Ort gezogenen braunen Deckblättern als Flaggschiff gelten darf. Diese Marke, 1995 auf den Markt gebracht, ist sehr beliebt, doch leider sind die Produktionszahlen nicht so hoch, wie sich das die Fans dieser Serie wünschen.

Arturo
Fuente
Robusto

Andere Arturo-Fuente-Linien sind die Hemingway-Serie mit großen Figurado-Formaten und das Standardsortiment mit meistens dunkelbraunen Kamerun-Deckblättern, auch wenn einige Formate hellere Connecticut-Shade-Deckblätter tragen. Die in Zedernholz verpackte Château Fuente (eine Robusto) ist eine ausgezeichnete Zigarre.

Davidoff
Tubo
No. 2

Arturo Fuente
Château
Fuente

DAVIDOFF

Der Name Davidoff steht regelrecht als Synonym für Zigarren und Zigarrengeschäfte, obwohl er heute auch mit zahlreichen Accessoires und Gegenständen in Verbindung gebracht wird, die mit der Welt der Zigarren nichts mehr zu tun haben. Im Jahre 1990 gab Davidoff (zu jener Zeit eine Partnerschaft zwischen Zino Davidoff selbst und Ernst Schneiders Schweizer Firma Oettinger) die Einstellung der kubanischen Produktion seiner Marke bekannt – immerhin waren dort seit 1947 Zigarren unter diesem Namen hergestellt worden. Neue Fabriken wurden nun in Santiago errichtet.

Trotz Zinos Tod im Jahre 1994 besteht die Marke als eine der bekanntesten und am besten gemachten der Dominikanischen Republik fort. Davidoffs sind von mildem bis mittlerem Geschmack und werden aus Connecticut-Shade-Deckblättern und dominikanischen Einlageblättern hergestellt. Die meisten Davidoffs sind bemerkenswert mild, so zum Beispiel die No. 1, die No, 2 und die Ambassadrice. Sogar die voluminösen Anniversarios (No. 1 und No. 2) sind für ihre Größe von erstaunlicher Milde.

Die 1000-Serie von Davidoff ist von mittlerem
Geschmack, während die Grand-Cru-Serie insgesamt
reicher ist. Das gilt auch für die Davidoff Special R,
eine Robusto, die ein dunkleres Deckblatt trägt als
die Zigarren der Grand-Cru-Serie, sowie für die
Special T (eine Pyramide).

In Europa werden auch
kleine maschinell gefer-
tigte Davidoffs herge-
stellt, aber außer dem
Namen Davidoff zeich-
net sie nicht viel aus.

Davidoff 1000

Davidoff Special T

Davidoff Double R

DUNHILL

Die alte englische Firma Alfred Dunhill erfreut sich in der Welt exquisiter Zigarren ebenso großer Bekanntheit wie Davidoff, ist jedoch älter. Auch Dunhill hat seine geschäftliche Tätigkeit heute auf Sphären weit jenseits der bescheidenen Zigarre ausgeweitet. Dunhill-Zigarren werden von der Rothmans-International-Gruppe weltweit vermarktet. Es gibt drei handgemachte Sortimente, die in zahlreichen Ländern zu haben sind, während daneben eine Linie maschinell gefertigter Zigarren existiert. Dunhills Flaggschiff, die Aged-Cigar-Linie, wird hier, in der Dominikanischen Republik, hergestellt.

Die Aged-Cigar-Linie umfasst dreizehn Formate, die alle dominikanischen *Piloto, Olor* sowie brasilianischen Tabak in der Einlage haben und mit Connecticut-Shade-Deckblättern umhüllt sind. Jene Zigarren – sie reifen mindestens drei Monate, bevor sie in den Handel gelangen – tragen blaue und goldene Bauchbinden (wobei das modern gestaltete Dunhill-Logo 1995 in den gegenwärtigen Schriftzug verändert wurde). Die Zigarren sind gut gemacht, brennen gleichmäßig und haben einen mittleren bis vollen Geschmack, ohne zu reich zu sein.

Dunhill Peravias

Dunhill Centenas

Dunhill Romanas

Avo XO Maestoso

Avo

Der in Beirut geborene Avo Uvezian ist Musiker und Komponist (mit Ausbildung an der berühmten Juilliard School of Music in New York), und da er als solcher die Wichtigkeit der sorgfältigen Komposition versteht, sind alle Avo-Zigarren gut konstruiert. Sowohl seine Zigarren der Standardlinie als auch die insgesamt sieben der jüngeren Serien XO Trio und XO Quartetto haben Connecticut-Deckblätter und dominikanische Einlageblätter hoher Qualität. Die eleganten XO-Serien sind noch kostspieliger als der Rest der ohnehin nicht preiswerten Marke.

Der Geschmack der Avos, der auf gereiftem *Piloto cubano* in der Einlage beruht, wird mit zunehmender Größe der Zigarren reicher und geht von mittel bis voll. Die Intermezzo (eine Robusto, jedoch länger als das traditionelle Format), die Maestoso (beide XO Trio) und die Notturno (XO Quartetto) sind besonders erfolgreich. Seit der Gründung der Firma durch Uvezian im Jahre 1988 (die Firma ist heute im Besitz von Oettinger, der Muttergesellschaft von Davidoff) sind die Verkaufszahlen für die Zigarren von ein paar tausend, lediglich im New Yorker Davidoff-Shop verkauften Exemplaren auf mittlerweile drei Millionen pro Jahr gestiegen.

Paul Garmirian Belicoso

PAUL GARMIRIAN

Paul Garmirians P. G.-Zigarren gehören zu meinen Favoriten unter den Nicht-Havannas. Garmirian ist ein Mann vieler Talente. Seine in über dreißig Jahren entwickelte Leidenschaft für Zigarren hat ihn zu einem der führenden Experten auf dem Gebiet handgemachter Zigarren werden lassen. Seine Zigarren, die früher nur in sehr beschränkter Zahl erhältlich waren, finden sich nun überall in den Vereinigten Staaten sowie in zwei Geschäften der britischen Hauptstadt.

Die Zigarren haben dunkle, leicht ölige, rötliche bis mittelbraune Deckblätter. Sie sind ausgezeichnet gemacht und brennen daher gut, haben ein subtiles Bouquet und trotz ihres mittelstarken bis vollen Körpers ein liebliches Aroma. Meiner Meinung nach ist die Belicoso der Star der Linie.

PARTAGAS

Die dominikanische Version dieser großen kubanischen Marke wird mit Kamerun-Deckblättern hergestellt. Die Einlagemischung besteht aus dominikanischem und mexikanischem Tabak, während das Umblatt aus Mexiko stammt. Das Sortiment ist umfangreich, wobei etliche Formate Nummern tragen. Sie sind sehr gut gemacht, glatt, leicht süß und von mittlerem bis vollem Körper. Von General Cigar produziert, wurde die Herstellung der Marke ursprünglich von Benjamin Menendez und Ramon Cifuentes geleitet, Mitglieder berühmter kubanischer Zigarrenfamilien.

Die Limited Reserve der dominikanischen Partagas ist teurer als der Rest der (nicht preiswerten) Marke und trägt grüne statt roter Bauchbinden. Die besten dieser Partagas sind wirklich sehr gut und in den USA sehr beliebt (was nicht weiter überrascht).

RAMON ALLONES

Die dominikanischen Ramon Allones werden von General Cigar hergestellt. Sie haben mittelbraune bis dunkle Kamerun-Deckblätter, mexikanische Umblätter und eine Einlagemischung aus dominikanischem, jamaikanischem und mexikanischem Tabak. Die Ramon Allones sind sehr gut konstruiert und mild bis mittelstark.

Partagas Limited Reserve Royale

H. UPMANN

Die handgemachten Zigarren mit dem berühmten kubanischen Namen werden von der Consolidated Cigar Corporation hergestellt. Mit ihren Kamerun-Deckblättern sind sie gut gemachte, milde bis mittelstarke Smokes. Die Chairman's-Reserve-Serie ist teurer als der Rest der Marke, deren Zigarren im Übrigen recht annehmbare Preise haben.

H. Upmann Lonsdale

H. Upmann Corona

H. Upmann Pequenos No. 100

LA GLORIA CUBANA

Das Gloria-Cubana-Sortiment wurde in Miami von Ernesto Carrillo gegründet und ursprünglich nur vor Ort verkauft. In den neunziger Jahren verlegte Carrillo die Produktion in die Dominikanische Republik. Seine ausgezeichneten Zigarren haben einen mittleren bis vollen Körper, dunkle Deckblätter aus Ecuador sowie Einlage- und Umblätter aus der Dominikanischen Republik, Brasilien, Mexiko und Nicaragua, während die Einlagemischung aus dominikanischen, brasilianischen und mexikanischen Blättern besteht.

Gloria Cubanas sind sehr attraktive Zigarren. Ursprünglich in nur fünf Formaten, alle mit großen Ringmaßen, zu haben, wurden kürzlich elf neue Formate hinzugefügt. Meiner Meinung nach sind die größeren Formate nach wie vor die besseren.

ASHTON

Eine Marke hoher Qualität, die zwar erst 1985 gegründet wurde, sich jedoch bereits als Favorit vieler Liebhaber milder bis mittelstarker Zigarren etabliert hat. Es gibt eine ganze Reihe von Linien, die allesamt von der Familie Fuente hergestellt werden, obwohl die Marke im Besitz einer Firma in Philadelphia ist.

Die Standardserie besteht aus neun Formaten mittlerer Stärke mit Connecticut-Shade-Deckblättern sowie einer Einlage aus dominikanischen und brasilianischen Blättern. Ein Jahr lang gereift ist die Serie Cabinet Selection, die durchgehend etwas glatter ist. Für die Linie insgesamt werden sechs Tabake verwendet.

Ashton Cabinet No. 3

Ashton Cabinet No. 2

Die Marke Ashton präsentiert auch eine Reihe Figurados mit Bauchbinden, die kunstvoller sind als die schlichten weißen und gelben der Grundlinie.

Für die Aged-Maduro-Linie, deren dunkle Zigarren relativ süß sind, wird Connecticut Broadleaf verwendet, also Deckblätter, die nicht im Schatten gezogen worden sind.

Die Ashton-Crown-Serie hat dominikanische Deckblätter von der Plantage Château de la Fuente.

Ashton Magnum

Cuesta-Rey Dominican No. 1

CUESTA-REY

Eine sehr alte Marke, die 1884 in Tampa, Florida, von Angel La Madrid Cuesta und Peregrino Rey gegründet wurde. 1958 wurde die Firma von einem anderen alten Unternehmen Tampas namens M & N übernommen. Ursprünglich also in den USA hergestellt, wurde in den achtziger Jahren die Produktion der Zigarren in die Dominikanische Republik verlegt.

Cuesta-Reys sind gut gemachte, milde Zigarren, die in den beiden handgemachten Linien Cabinet Selection und Centennial Vintage Collection verkauft werden. Die Zigarren der Cabinet Selection haben dunkle Kamerun-, diejenigen der Centennial Vintage Collection Connecticut-Shade-Deckblätter.

SANTA DAMIANA

Früher eine bekannte Havanna-Marke, werden die Zigarren heute in La Romana von Consolidated Cigar hergestellt. Die für die USA bestimmten Santa Damianas sind leichter als die in Europa erhältlichen und haben andere Namen und Formate. Während die für Amerika bestimmten Nummern tragen, weisen die europäischen traditionelle Namen auf.

Alle Santa Damianas sind gut gemacht und verfügen über einen delikaten, leicht würzigen Geschmack sowie ein gefälliges Aroma. Mit einer Einlagemischung aus dominikanischen und mexikanischen Blättern variiert die Marke insgesamt von mild bis mittelstark. Die Umblätter stammen aus Mexiko, die Deckblätter aus Honduras.

Cuesta-Rey Captiva

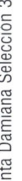

Santa Damiana Selección 300

POR LARRAÑAGA

Hier handelt es sich um ausgezeichnete Zigarren, die denselben Namen tragen wie die 1834 in Havanna gegründete Marke.

Por Larrañagas sind mild bis mittelstark, aber voll im Geschmack, haben Connecticut-Shade-Deckblätter, dominikanische Umblätter und eine Einlagemischung aus dominikanischen und brasilianischen Tabaken.

Por Larrañaga Fabulosos

Agio's Balmoral.

BALMORAL

Eine neue Marke, die nicht, wie der Name suggerieren mag, aus Schottland stammt, sondern sich im Besitz der holländischen Zigarrenfirma Agio befindet, einer Firma, die bisher am ehesten für ihre maschinell gefertigten Zigarren bekannt war. Die Balmorals werden in der kleinen Stadt San Pedro de Macoris hergestellt, und zwar mit dominikanischer Einlage, brasilianischen Umblättern und im Schatten gezogenen Deckblättern aus Ecuador.

Die Royal Selection besteht aus fünf Formaten gut gemachter milder bis mittelstarker Zigarren.

Griffin No. 300

GRIFFIN

Diese äußerst gut konstruierte Marke wurde von Bernard Grobet geschaffen, der seinen Sitz in der Schweiz hat. Grobet hat als

einer der ersten Europäer die Zigarrenproduktion in der Dominikanischen Republik aufgenommen
(Anfang der achtziger Jahre). Mittlerweile werden die Griffin durch
Davidoff vertrieben.

Griffin sind mild bis mittelstark,
haben blasse Connecticut-Shade-
Deckblätter und eine dominikanische Einlage. Sie haben viele Anhänger, sind jedoch nicht preiswert.

Pleiades Uranus

Pleiades Aldebran

PLEIADES

Diese Marke befindet sich in fran-
zösischem Besitz und besteht aus
milden, aber aromatischen Zigarren. Sie sehen gut aus und sind gut
gemacht. Die Einlageblätter (*Olor
dominicano* und *Piloto cubano*)
stammen aus dem Cibao-Tal. Nach
ihrer Herstellung (in Santiago de
Los Caballeros) werden die Zigarren nach Straßburg geschickt, um
dort vor ihrer Verteilung in Europa
und den Vereinigten Staaten in
Kisten mit eingebautem Befeuchtungssystem verpackt zu werden.
Sie sind nach Planeten und Stern-
bildern benannt.

Die Hersteller der Pleiades haben gerade die neue Marke Cruze-
ros auf den Markt gebracht. Hier
handelt es sich um schöne, stilvoll
verpackte Zigarren. Insgesamt sind
sie voller und reicher im
Geschmack als die Pleiades (auch
wenn die kleineren Ringmaße
ziemlich mild sind) und verfügen
über eine Spur würziger Süße.

PRIMO DEL REY

Die Zigarren dieser von der Consolidated Cigar Corporation in der Dominikanischen Republik hergestellten Marke sind sehr gut gemacht und mild bis mittelstark. Es gibt sie in etlichen Formaten, viele in einer Auswahl an Claro- (Natural-), Double-Claro- und Colorado-Deckblättern aus Brasilien.

MONTECRISTO

In der Mitte der neunziger Jahre brachte Consolidated eine dominikanische Montecristo-Linie auf den US-Markt. Ihr Logo gleicht demjenigen der kubanischen Montecristos, wobei das Wort »Habana« durch das Kürzel »MyG« (für Menendez und Garcia) ersetzt ist.

Als Folge eines Rechtsstreits besitzt Consolidated die Rechte am Markennamen in den Vereinigten Staaten und einigen anderen Märkten, während das spanische Monopol Tabacalera die Rechte für andere Regionen besitzt. Die Zigarren sind gut gemacht, von mittlerem Geschmack, mit dominikanischer Einlage und Connecticut-Shade-Deckblättern.

PREMIUM DOMINICANA

Eine relativ neue Marke mit einer von Carlos Fuente sen. entwickelten Einlage. Die Deckblätter stammen aus Ecuador. Hier handelt es sich um Zigarren, die gut gereift und gut gemacht sind sowie ein volles Aroma haben. Das Sortiment besteht nur aus großen Ringmaßen mit entsprechend reichem Geschmack.

Primo del Rey Regal

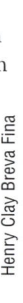

Henry Clay Breva Fina

HENRY CLAY

Eigentlich eine Havanna-Marke, deren Geschichte bis in das
19. Jahrhundert zurückreicht. Während die Produktion der Marke in
den dreißiger Jahren des 20. Jahrhunderts nach Trenton, New Jersey,
verlegt wurde, findet sie heute in der Dominikanischen Republik
statt. Bis vor kurzem gab es nur drei Formate, die alle einen mittleren
bis vollen Körper mit mittelbraunen Connecticut-
Broadleaf-Deckblättern haben.

Consolidated Cigar hat nun
sechs neue Formate mit noch vollerem Körper und dunklen, aus kubanischen Saaten gezogenen Deckblättern aus Nicaragua hinzugefügt.

FONSECA

Eine alte kubanische Marke, deren
dominikanischer Gegenpart seit
1965 auf Hispaniola hergestellt
wird. Hier handelt es sich um sehr
gut gemachte, glatte, milde Zigarren, die ursprünglich mit Kamerun-,
heute jedoch mit Connecticut-
Shade-Deckblättern versehen sind.
Die Umblätter stammen aus
Mexiko und die Einlageblätter aus
der Dominikanischen Republik.

Fonseca No. 10-10

Henry Clay Breva Conserva

Henry Clay Breva

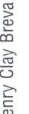

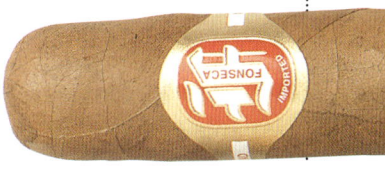

CASA BLANCA

Die Spezialität dieser Marke sind riesige Zigarren. Erwähnt sei nur die Magnum mit einem Ringmaß von 60 und die Jeroboam wie die Half Jeroboam, die beide das üppige Ringmaß 66 haben. Erstere schlägt mit einer Länge von 10 Inch (254 mm) zu Buche. Trotz dieser Kuriositäten (die offenbar Käufer finden) sind die Zigarren gut gemacht, mild und glatt. Sie tragen helle Connecticut-Deckblätter, wobei einige Formate auch mit Maduro-Deckblatt zu haben sind. Größere Formate gibt es sowohl in Claro (Connecticut) als auch in Maduro. Die Einlageblätter stammen aus der Dominikanischen Republik, die Umblätter aus Mexiko.

JUAN CLEMENTE

1982 von dem Franzosen Jean Clement gegründet, bestehen diese Zigarren aus dominikanischen Blättern für die Einlagemischung sowie Connecticut-Shade-Deckblättern. Die Konstruktion war nicht immer die beste, doch in letzter Zeit gibt es Anzeichen einer beachtlichen Verbesserung.

Juan Clementes sind mild und duftend (ich mag besonders die Rothschild). In der Club Selection mit ihren dunkleren Deckblättern zeigt sich die Marke von ihrer lieblichsten Seite.

Seit der Gründung der Marke wurde das Sortiment beträchtlich erweitert. Es enthält unter anderem die Gargantua, eine Zigarre mit gigantischen Ausmaßen (13 x 50). Einzigartig ist die Position der Bauchbinde auf der Juan Clemente, befindet sie sich doch am Brandende der Zigarre.

Juan Clemente Club Selection No. 2

Juan Clemente Club Selection No. 3

V CENTENNIAL

Diese Marke trägt einen beziehungsreichen Namen, wurde sie doch zum Gedenken an die vor fünf Jahrhunderten stattfindende Reise des Kolumbus in die Neue Welt kreiert. Früher in Honduras hergestellt, findet die Produktion nun in einer neuen Fabrik unter der Leitung Pedro Martins von Tropical Tobacco in der Dominikanischen Republik statt.

Die Zigarren bestehen aus Connecticut-Shade-Deckblättern, mexikanischen Umblättern und einer Einlagemischung aus würzigem Blatt aus Honduras, aromatischem aus Nicaragua sowie dominikanischem Blatt. Es handelt sich um komplexe Zigarren, deren Zusammensetzung in der Regel gute Resultate hervorbringt. Die Marke ist gut konstruiert und besteht aus großen Formaten. Einige Perfectos wurden hinzugefügt, und es gibt ein ungewöhnlich geformtes Torpedo.

Es existieren zwei Linien: die Standard- und die kostspieligere »500«-Serie mit einem auffälligen Logo. Die Numero Dos der aromareichen 500-Serie wurde kürzlich vom *Cigar Insider* mit 92 Punkten (von 100) und die Robusto mit 90 Punkten ausgezeichnet. Insgesamt ist die Marke von mittlerem bis vollem Körper.

BAUZA

Gut gemachte aromatische, milde bis mittelstarke Zigarren hoher Qualität und konkurrenzfähiger Preislage. Die Deckblätter stammen aus Ecuador, die Umblätter aus Mexiko, während sich die Einlagemischung aus nicaraguanischen und dominikanischen Blättern zusammensetzt.

Bauza Casa Grande

V Centennial Torpedo

Honduras

Honduras rangiert mit einer bedeutenden Produktion handgemachter Zigarren direkt hinter der Dominikanischen Republik. Das Land ist das zweitgrößte in Mittelamerika, bergig und regenreich. Die Zigarrenproduktion konzentriert sich auf drei Gebiete: Danli an der Grenze zu Nicaragua (im Süden), Santa Rosa de Copan in der Nähe zu Guatemala (im Westen), und San Pedro Sula unweit der karibischen Küste.

ÄHNLICH WIE DIE Dominikanische Republik ist auch Honduras bereits seit dem 19. Jahrhundert ein Zentrum des Tabakanbaus und der Zigarrenproduktion. Die Fabriken und Produktionsmethoden sind weniger modern als in der Dominikanischen Republik, jedoch haben die Roller hohe Produktionsraten, weshalb mitunter die Güte der Qualitätskontrollen in Frage gestellt wird.

Dunhill Churchills, eines der fünf in Honduras gefertigten Formate.

KUBANISCHE SAATEN

Es ist ein besonderes Merkmal honduranischer Zigarren, dass ihr Einlagetabak oft aus kubanischen Saaten gezogen worden ist. Folglich zeichnen sie sich durch einen charakteristischen vollen Körper aus, und ihre Hersteller nehmen für sich in Anspruch, dass ihre Produkte den echten Havannas von allen außerhalb Kubas hergestellten Zigarren am ähnlichsten sind.

DER KLIMAFAKTOR

Honduras ist in besonderem Maße starken Winden und schweren Regenfällen ausgesetzt, was die Produktion über die Jahre hinweg schwer beeinträchtigt hat – erst 1998 wurde das Land vom Hurrikan Mitch heimgesucht. Die klimatischen Bedingungen haben mitunter zu Blauschimmelbefall geführt, was einige Tabakbauern dazu veranlasste, den Anbau von November und Dezember in die wärmeren, trockeneren Monate Januar und Februar zu verlegen. Experten behaupten, das in dieser Zeit angebaute Blatt sei dicker und derber, was zu Zigarren mit rauerem Geschmack führe.

Excalibur No. IV

Empfehlens- werte honduranische Zigarren

Die besten honduranischen Zigarren können sich mit allen anderen der Welt messen und sind oft erstaunlich preiswert – vor allem jene, die lose und ohne Bauchbinde verkauft werden. Man sollte jedoch keinen milden Smoke erwarten, und auch Einsteiger, die nicht gerade vorhaben, sich ins kalte Wasser zu stürzen, sollten zunächst auf Zigarren anderer Anbaugebiete zurückgreifen.

HOYO DE MONTERREY/EXCALIBUR

Diese Zigarren sind allgemein sehr gut gemacht. Sie haben einen starken Geschmack und sind in einer beachtlich großen Auswahl erhältlich. 1998 brachte der Hersteller Villazon eine neue Linie als »limitierte Ausgabe« mit der Bezeichnung Seleccion Royale heraus. Bei Niederschrift gab es vier Formate: Duques (eine Pyramide), Aristocrat, Condesa und Marques. Ihre jeweilige Zusatzbezeichnung »Figurado« trifft streng genommen nur auf die Aristocrat zu.

Die Zigarren der Excalibur-Serie (Einlageblätter aus kubanischen Saaten gezogen, Deckblätter aus Connecticut Shade) gehören zu den besten Nicht-Havannas mit mittlerem und vollem Körper, die auf dem Markt sind: Reich im Geschmack und gut gemacht, entspringen sie dem Talent Frank Llanezas von Villazon. Aus Gründen des Markenschutzes werden die Zigarren in den Vereinigten Staaten mit dem

Hoyo-de-Monterrey-Etikett verkauft (mit dem Zusatz Excalibur am unteren Rand der Bauchbinde), während sie in Europa nur Excalibur heißen. Die meisten Formate der Linie werden übrigens mit römischen Ziffern bezeichnet.

Vor einiger Zeit wurden vier neue Formate hinzugefügt. Hierzu gehören die Emperor (8½ x 52) und eine Reihe dünner Zigarren.

DON TOMAS

Diese sehr gut gemachten Zigarren von U. S. Cigar wurden 1973 entwickelt. Es gibt sie in drei Linien unterschiedlicher Preislage mit mittlerem bis vollem Körper.

Die Standardserie hat Maduro-Deckblätter aus Indonesien. Das Sortiment wurde auf acht Formate reduziert, wobei die Corona das ungewöhnlich große Ringmaß von 50 aufweist.

Die International-Serie besteht lediglich aus vier nummerierten, der gehobenen Preisklasse angehörenden Formaten, die ebenfalls mit indonesischen Deckblättern aufwarten. Sie werden als »Cuban-styled« beschrieben, also als Zigarren im kubanischen Stil.

Bliebe noch die Special Edition mit ihren fünf äußerst kostspieligen Formaten (nummeriert: 100, 200 etc.), die derzeit indonesische Jember-Deckblätter tragen.

ZINO

Hier handelt es sich um eine Marke hoher Qualität. Sie wurde vom großen Zino Davidoff für den US-amerikanischen Markt kreiert, als Davidoff-Zigarren noch in Kuba hergestellt wurden und daher in den USA nicht erhältlich waren. Die Zigarren werden in zwei regulären Linien angeboten, die beide nicht preiswert sind. Hat die Standardlinie einen

Zino Mouton
Cadet No. 6

Zino Veritas

Don Tomas Imperial

mittleren Körper, so ist die Mouton-Cadet-Serie zwar als mild, doch aromatisch zu bezeichnen. Letztere wurde in den achtziger Jahren auf den Markt gebracht und zu jener Zeit von der Baroness Philippine de Rothschild gefördert, deren Familie den gleichnamigen Bordeaux-Rotwein herstellt.

Die Connoisseur-Serie wurde anlässlich der Eröffnung des New Yorker Davidoff-Shops im Jahre 1987 erstmals hergestellt und besteht aus Zigarren mit vollerem Körper.

C.A.O.

Die honduranischen Zigarren von C.A.O. International (Black-Label-Linie) werden seit 1995 in der ehemaligen Fabrik von Nestor Plasencia in Danli hergestellt, die inzwischen an die spanische Tabacalera S.A. verkauft worden ist. Die Einlagemischung weicht leicht von der Originalmischung ab und besteht aus nicaraguanischem Tabak, der aus kubanischen, und *Ligero*, der aus mexikanischen Saaten in Costa Rica gezogen wird. Das Umblatt stammt aus der Dominikanischen Republik, ergänzt durch ein Connecticut-Shade-Deckblatt. Diese subtilen Veränderungen haben eine Zigarre hervorgebracht, die ihrer Vorgängerin ähnelt, jedoch besser konstruiert ist und einen angenehmeren Geschmack hat. Sie bietet einen milden Rauchgenuss.

Die neue Linie mit der Bezeichnung C.A.O Gold war nach ihrem Erscheinen im Jahre 1996 so erfolgreich, dass die Nachfrage bald in hohem Maße das Angebot überstieg.

1998 brachte C.A.O. die noch bessere Linie »Anniversio« heraus. Diese Maduro-Zigarren werden in Costa Rica mit vier Formaten, darunter eine Belicoso, hergestellt. Die Zigarren tragen dunkle Connecticut-Broadleaf-Deckblätter, aus Sumatra-Saaten gezogene Umblätter aus Ecuador und eine Einlagemischung aus dominikanischen und nicaraguanischen Tabaken. Sie reifen mindestens 90 Tage lang nach. Die Zigarren haben einen mittleren bis vollen Körper.

C.A.O. Corona Gorda

C.A.O. Corona Maduro

CASTANO

Eine kürzlich eingeführte Marke mit fünf Formaten, alle mit großen Ringmaßen. Im Allgemeinen sind die Zigarren gut konstruiert mit Connecticut-Broadleaf-Umblatt und einem in Ecuador gezogenen Deckblatt, wofür Qualitätssaaten aus Sumatra verwendet werden (sowohl Natural als auch Maduro). Hier handelt es sich um reiche und würzige Zigarren, die einen anständigen Rauchgenuss abgeben, aber wohl zu fest gerollt sind, um zufriedenstellend zu ziehen.

DON RAMOS

Gut gemachte, preisgünstige, liebliche Zigarren mit mittlerem Körper, hergestellt in San Pedro de Sula aus honduranischen Blättern, wobei die meisten Formate sowohl in Bündeln, Kisten als auch in Aluminiumhülsen erhältlich sind.

PUNCH

Die honduranische Marke Punch, deren Produktion bereits 1969 aufgenommen wurde, bietet ein interessantes Sortiment von über zwanzig Formaten sehr gut gemachter Zigarren an. So hat die Standardlinie jenes reiche Aroma, das für honduranische Zigarren typisch ist. Die Einlagemischung besteht aus honduranischem, nicaraguanischem und dominikanischem Blatt, mit Connecticut-Broadleaf-Umblättern und aus Sumatra-Saaten gezogenen Deckblättern aus Ecuador. Dagegen offerieren die Delux- wie die Gran-

Punch Superiores Delux

Punch Britannia Delux

Cru-Linie ein subtileres Rauchvergnügen. Die Zigarren der Delux-Serie haben einen vollen Körper, während die Gran-Cru-Linie mit einer Einlagemischung aus honduranischem und nicaraguanischem Tabak sowie *Piloto cubano,* einem Umblatt aus Ecuador und einem Connecticut-Shade-Deckblatt mild bis mittelstark ist und sicherlich das Flaggschiff der Marke darstellt.

ASTRAL

Ein Marke der Spitzenqualität, die 1995 von U.S. Cigar herausgebracht wurde und in Danli hergestellt wird. Die Standardlinie aus fünf Formaten besteht aus glatten, milden bis mittelstarken Zigarren mit einem Deckblatt aus Ecuador (aus Connecticut-Saaten im Schatten gezogen), einem Umblatt aus der Dominikanischen Republik und einer Einlagemischung, deren Blätter aus kubanischen Saaten in der Dominikanischen Republik und in Nicaragua gezogen werden.

Recht groß sind die Ringmaße, die von 44 bis 52 gehen. Die würzigere (und preiswertere) Grand Reserve Vintage Selection ist subtiler bei vollerem Körper, mit einem gut gereiften Jember-Deckblatt aus Indonesien, einem Umblatt aus Mexiko sowie einer Einlagemischung aus der Dominikanischen Republik (*Piloto cubano*) und Mexiko.

Punch Monarcas

Dunhill Robusto

DUNHILL

Dunhills Honduran Selection, die 1998 auf den Markt gebracht wurde und in Danli hergestellt wird, besteht aus fünf Formaten, deren Tabake der Einlagemischung aus der Dominikanischen Republik, Mexiko und Brasilien kommen, mit Umblättern aus Mexiko und indonesischen Deckblättern. Die komplexe Mischung wurde so kreiert, dass ein ausgewogener, mittelstarker Smoke mit einem würzigen Abgang entstanden ist. Diese Zigarren sind am ehesten für den erfahrenen Raucher geeignet, der auf der Suche nach einem vollen Geschmack ist.

PETRUS

Bei dieser ausgezeichneten Marke, die 1990 auf den Markt kam ist es gelungen, gut gemachte milde, aber interessante Zigarren zu schaffen, mit blassen Deckblättern, die in Ecuador aus Connecticut-Saaten gezogen werden, sowie Um- und Einlageblättern aus Honduras. Die Etiquette-Rouge-Serie mit begrenzter Stückzahl (mit Einlageblättern aus Honduras, der Dominikanischen Republik und aus Nicaragua), die 1997 auf den Markt gebracht wurde, bietet einen reicheren Geschmack als die übrigen Zigarren.

Dunhill Lonsdale

Dunhill Tubed Corona

Petrus Rothschild

Nicaragua und Costa Rica

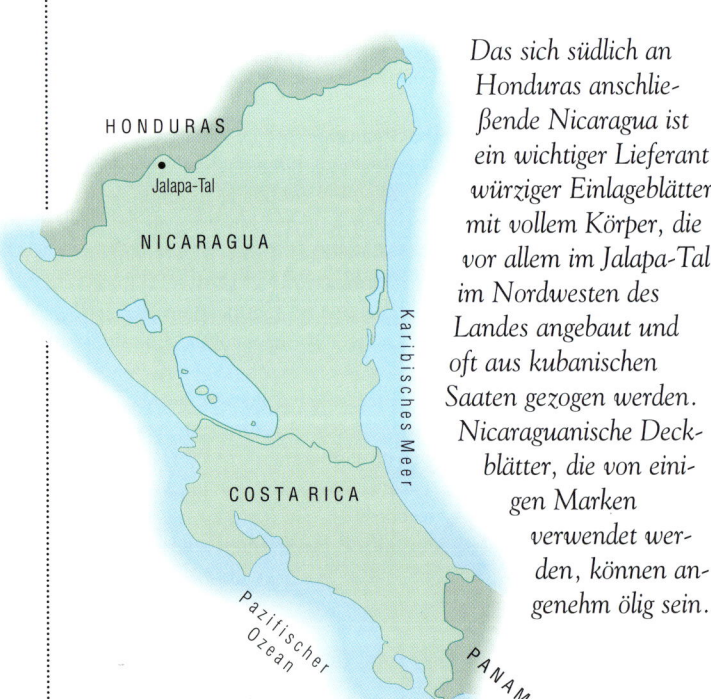

Das sich südlich an Honduras anschließende Nicaragua ist ein wichtiger Lieferant würziger Einlageblätter mit vollem Körper, die vor allem im Jalapa-Tal im Nordwesten des Landes angebaut und oft aus kubanischen Saaten gezogen werden. Nicaraguanische Deckblätter, die von einigen Marken verwendet werden, können angenehm ölig sein.

Joya de Nicaragua Petit Corona

ALLERDINGS HABEN politische Umwälzungen und Naturkatastrophen ihren Tribut von der Zigarrenindustrie des Landes gefordert. Standen in den Siebzigern Zigarren aus Nicaragua hoch im Kurs, so führte die Machtübernahme der linksgerichteten Sandinistas im Jahre 1979 in der Zeit danach zum wirtschaftlichen Zusammenbruch. 1990 gaben die Sandinistas die Macht zwar ab, doch die Nachwehen des Krieges und die wirtschaftliche Situation hatten auch weiterhin negative Auswirkungen auf die Tabakproduktion und die Zigarrenherstellung.

Als Folge ließen die Zigarren, die während der neunziger Jahre auf den Markt kamen, einiges zu wünschen übrig. 1998, als die Industrie endlich auf dem Weg nach oben war, schlug Hurrikan Mitch zu und verursachte in weiten Teilen des Landes Überschwemmungen, von denen auch Tabakfelder und -fabriken betroffen waren. Bei Niederschrift waren die Dinge jedoch auf dem Weg zur Normalisierung.

Blätter aus Nicaragua finden sich häufig in den Einlagemischungen honduranischer und dominikanischer Zigarren, während Costa Rica dabei ist, seinen Platz in der Zigarrenwelt als Lieferant von Einlageblättern hoher Qualität zu finden, jedoch noch nicht zu den großen Zigarrenherstellern zählt, auch wenn einige C.A.O.-Zigarren hier hergestellt werden.

Joya de Nicaragua Churchill

Empfehlenswerte Zigarren aus Nicaragua und Costa Rica

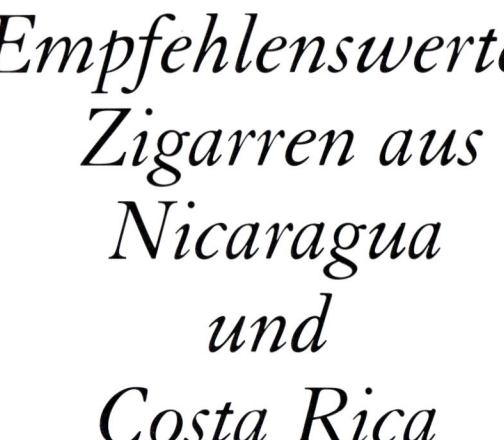

Joya de Nicaragua Elegante

JOYA DE NICARAGUA

Hier handelt es sich um die führende Marke Nicaraguas, die einst als die beste nichtkubanische Marke überhaupt galt. Allerdings hatten Bürgerkrieg und wirtschaftliche Probleme des Landes schwerwiegende Auswirkungen auf die Qualität der Zigarren. Die in den frühen neunziger Jahren hergestellten bestanden aus nicht ordentlich gereiften Blättern, woraus sich vorhersehbare negative Folgen für Aroma und Geschmack ergaben. Außerdem bereitete die Konstruktion Probleme.

Inzwischen haben sich die Dinge jedoch wesentlich zum Besseren gewendet, so dass diese Zigarren mit einigem Glück ihren guten Ruf zurückgewinnen können. Sie werden in zahlreichen Formaten hergestellt und bieten einen leicht pfeffrigen milden bis mittelstarken Geschmack.

PADRON

Diese Marke wurde von José O. Padron in Miami gegründet und stellt seit 1964 handgemachte Zigarren
unter Verwendung von Tabak aus Nicaragua her. Die
Organisation hat in Nicaragua und Honduras Betriebe (Ersterer 1970, Letzterer 1978 gegründet) und
nimmt es mit der Qualitätskontrolle peinlich genau.

Es gibt zwei Grundlinien, die beide
aus nicaraguanischem Tabak hergestellt werden. Die Padron ist in zwölf
Formaten und sowohl mit Natural- als
auch mit Maduro-Deckblättern erhältlich. Diese milden bis mittelstarken
Zigarren sind sehr gut gemacht.

Die Padron 1964, eine Jahrgangs-
serie, die 1994 auf den Markt kam,
wird in beschränkterem Umfang hergestellt. Mindestens vier Jahre lang
reifen die Blätter für die Padron 1964
nach, und auch diese Zigarren sind sowohl mit Natural- als auch Maduro-
Deckblättern erhältlich. Sie sind glatt,
reich im Geschmack und von mittlerem Körper. Kürzlich wurde das Sortiment durch die beiden Formate Prin-
cipe und Imperial auf acht Formate
erweitert.

Padron Exclusivo

Padron 3000

Weitere Länder mit Zigarren-produktion

VEREINIGTE STAATEN
VON AMERIKA

MEXIKO

Pazifischer
Ozean

Golf von
Mexiko

Mexiko Stadt

Veracruz

BELIZE

GUATEMALA

MEXIKO

Dunkles, pfeffriges Blatt aus Mexiko wird bereits seit einiger Zeit vor allem zu Umblättern verarbeitet, aber heute wird mexikanischer Tabak auch immer häufiger für Deckblätter herangezogen (typische dunkelbraune Färbung). In einigen anderen Ländern dient mexikanischer Tabak darüber hinaus dazu, der Einlagemischung einen süßeren und reicheren Geschmack zu verleihen.

Das Land, das auf eine sehr lange Zigarrentradition zurückblickt, hat eine eigene Produktion guter handgemachter Zigarren, auch wenn keine davon einen Platz in der ersten Reihe hat.

Das beste Blatt stammt aus dem San-Andres-Tal im Süden Mexikos, wo einige Blätter aus Sumatra-Saaten gezogen werden. Im Gebiet um Veracruz weiter im Norden wird beim Tabakanbau auf Havanna-Saaten zurückgegriffen. Mexikanische Zigarren sind durchaus ihr Geld wert.

TE-AMO

Te-Amo No. 4

Vielleicht die bekannteste mexikanische Marke, gegründet in der Mitte der sechziger Jahre. Man sagt ihr einen kräftigen Geschmack und eine gute Machart nach. Es gibt eine große Auswahl an Formaten, zu denen auch Figurados zählen; außerdem stehen hellbraune wie Maduro-Deckblätter zur Wahl. In der Vergangenheit waren die Deckblätter recht derb, doch nach der Übernahme der Marke durch Consolidated Cigar hat sich die Qualität während der letzten Jahre verbessert. Die Zigarren, die ausschließlich aus mexikanischem Tabak hergestellt werden, haben durchaus ihre Fans.

SANTA CLARA

Diese in San Andres unter Verwendung heimischer Deckblätter hergestellten Zigarren gehören zu den besten aus mexikanischer Produktion. Die Einlagemischung besteht aus süßlichem San-Andres-Blatt sowie aus vollerem Veracruz-Tabak, der aus Havanna-Saaten gezogen wird. Insgesamt sind die Zigarren gut gemacht, von mittelstarkem Aroma und in einer umfangreichen Auswahl an Formaten erhältlich. Die Jahreszahl 1830 auf den Bauchbinden bezieht sich nicht auf das Entstehungsjahr der Marke, sondern ist ein grober Hinweis auf den Zeitpunkt, zu dem sich die Familie Ortiz, Gründer der Marke, dem Tabak zugewendet hat.

Santa Clara No. IV

JAMAIKA

In Jamaika werden seit dem 19. Jahrhundert Zigarren hergestellt, die ursprünglich für den britischen Markt bestimmt waren. Zur Zeit besteht die Produktion aus lediglich fünf wichtigen Marken, die alle von US-amerikanischen Unternehmen und meist aus importiertem Tabak hergestellt werden. Zigarren aus Jamaika sind vor allem für ihr mildes Aroma bekannt.

Macanudo Portofino

Karibisches Meer

JAMAIKA

Kingston

Karibisches Meer

MACANUDO

Bei Niederschrift war die Macanudo die am meisten verkaufte Premium-Zigarrenmarke in den Vereinigten Staaten, und sie wird es wohl auch weiterhin sein. Hierfür gibt es Gründe. Die Produktion der Marke, die ursprünglich von der Familie Palicio in Kuba als Ableger der Punch gegründet worden war, wurde während des Zweiten Weltkriegs nach Jamaika verlegt, um sie in der »Sterling-Zone« anzuziedeln und damit weiter

Macanudo Vintage No. I

Die Duke of Devonshire von Macanudo.

nach Großbritannien verkaufen zu können. Zu jener Zeit hatten die Zigarren kubanische Deckblätter.

Die Macanudos werden mit derselben Einlagemischung auch in der Dominikanischen Republik hergestellt, doch stammt der weitaus größte Teil nach wie vor von General Cigar auf Jamaika.

Die Zigarren sind elegant und gut gemacht. Ihr glatter, milder Geschmack gefällt sowohl vielen Einsteigern als auch Kennern, die einen milden, tagsüber zu rauchenden Smoke mögen, auch wenn einige das Aroma zu schwach finden. Die Zigarren tragen Connecticut-Shade-Deckblätter, Umblätter aus dem mexikanischen San-Andres-Gebiet, und die Einlagemischung besteht aus Tabaken, deren Ursprünge in Jamaika, Mexiko und der Dominikanischen Republik liegen.

Die Macanudo ist in über zwanzig Formaten erhältlich. In einigen Fällen stehen auch mehrere Deckblätter zur Auswahl: Café (Connecticut Shade), Jade (sehr mild, mit Double Claro-Deckblatt) und Maduro (voller; dunkles mexikanisches Deckblatt).

Insgesamt ist die Marke Macanudo recht kostspielig, wobei die Serie Vintage noch über dem Durchschnittspreis liegt, bei Connaisseuren jedoch wegen ihres volleren Geschmacks beliebt ist.

Zuletzt wurde das Macanudo-Sortiment durch die reichere (doch glatte) Macanudo-Robust-Linie erweitert, von der momentan sechs Formate erhältlich sind. Diese sehr guten Zigarren, die ein Lieblingsprojekt von Edgar Cullman von General Cigar sind, werden in der Dominikanischen Republik mit einer Einlagemischung aus *Piloto cubano*, Umblättern aus Havanna-Saaten (in Connecticut gezogen) und dunklen, gereiften Connecticut-Shade-Deckblättern hergestellt. Sie unterscheiden sich erheblich von den übrigen Macanudos.

ROYAL JAMAICA
Die Royal Jamaica hat einen festen Platz unter den besten der milden Zigarrenmarken und verfügt über eine unerschöpfliche Vielzahl an Formen und Formaten.

Royal Jamaica Park Lane

Royal Jamaica Double Corona

Royal Jamaica Pirate

Ihre Einlagemischung besteht vor allem aus Jamaika-Tabak, weist ein mexikanisches Umblatt auf sowie ein seidiges Java-Deckblatt.

Die Maduro-Linie mit vollerem Körper verbindet eine jamaikanische Einlage mit einem Kamerun-Umblatt und einem dunklen mexikanischen Deckblatt, wodurch ein reicherer Geschmack mit einem Hauch Süße zustande kommt.

TEMPLE HALL

Eine Marke, die auf das Jahr 1876 zurückgeht und die in der Mitte der neunziger Jahre von General Cigar zu neuem Leben erweckt wurde. Abgesehen vom volleren Körper, sind diese Zigarren den Macanudos sehr ähnlich. Die Blätter für die Einlagemischung stammen aus Jamaika, der Dominikanischen Republik und aus Mexiko, während die Umblätter mexikanischer Herkunft sind. Diese ausgezeichneten Zigarren tragen ein Connecticut-Shade-Deckblatt, mit Ausnahme der 450, die ein dunkles Deckblatt aus Mexiko hat.

Temple Hall 550

Temple Hall 450

Suerdieck Brasilia

BRASILIEN

Brasiliens Zigarrenindustrie hat eine lange Tradition, und das dunkle brasilianische Blatt, voll Geschmack und Aroma, süß und ein wenig pfeffrig, dabei doch relativ mild, wird seit Jahren für eine Reihe maschinell gefertigter europäischer Marken verwendet.

Heute ist jedoch auch brasilianisches Einlageblatt – das beste wird im Bundesstaat Bahia angebaut – für handgemachte Zigarren aus Honduras und der Dominikanischen Republik gefragt. Einige Marken verwenden zudem brasilianisches Umblatt und dunkle braune Deckblätter (aus Sumatra-Saaten gezogen).

Zu den bekanntesten im Lande hergestellten Marken handgemachter Zigarren zählen Suerdieck (milder bis mittlerer Geschmack) und Don Pepe (mittel bis voll, mit erdigem Geschmack), beide von ein und demselben Hersteller.

Obwohl brasilianische Zigarren durchaus eine Fangemeinde besitzen, sind sie doch noch nicht in die vorderste Reihe feiner Smokes vorgedrungen.

Don Pepe Double Corona

ECUADOR

Ecuador besitzt keine nennenswerte Zigarrenindustrie, produziert jedoch Deckblätter hoher Qualität (aus Connecticut-Saaten gezogen), die für viele Marken anderer Länder verwendet werden. Hier wird der Tabak nicht, wie sonst üblich, unter Abdeckungen im Schatten gezogen, da die meist vorhandene Wolkendecke die direkte Sonnenbestrahlung der Pflanzen auf natürliche Weise begrenzt.

PHILIPPINEN

Die ehemalige spanische Kolonie ist ein bedeutendes Zentrum der Zigarrenherstellung, ist hier Tabak doch seit jeher ein wichtiges Exportprodukt. Der größte Teil des milden Tabaks der Philippinen wird jedoch für die heimische Produktion verwandt.

Abgesehen von Spanien, haben philippinische Zigarren so gut wie keine bedeutenden Absatzmärkte. Gleichwohl hat es eine handgemachte Zigarre der Philippinen geschafft, weitere Verbreitung zu finden. In den Vereinigten Staaten heißt sie Calixto Lopez, in der übrigen Welt Carlos V.

Die Marke, deren Gründung auf das Jahr 1881 zurückgeht und die auf Luzon, der größten Insel der Philippinen, hergestellt wird, ist gut konstruiert und von mildem bis mittlerem Geschmack.

Don Pepe Churchill

Don Pepe Robusto

Tabakfeld auf Java.

INDONESIEN

Während die Spanier für die Entstehung der Tabak- und Zigarrenindustrie der Philippinen verantwortlich sind, wurde die ehemalige holländische Kolonie Indonesien (vor allem die Inseln Sumatra und Java) zum wichtigen Produzenten gesuchter Deckblätter (vor allem Jember) für handgemachte Zigarren und zum Großlieferanten von Tabak für maschinell in Holland, Deutschland und der Schweiz gefertigte Massenprodukte. Der Tabakanbau reicht bis ins 18. Jahrhundert zurück.

Auf der Insel Java wird außerdem Tabak im Schatten gezogen, der unter der Bezeichnung TBN (zum Teil ein Hybrid aus örtlichen und Connecticut-Linien) bekannt ist. Einige Blätter werden als Einlage- und Umblätter für handgemachte Zigarren aus der Dominikanischen Republik und Honduras verwendet. Typisch für indonesischen Zigarrentabak ist sein mittlerer Körper und sein pfeffriger Geschmack.

KAMERUN

Das westafrikanische Land Kamerun gilt seit einigen Jahren als wichtige Quelle für Deckblätter hoher Qualität. Wenn sie ihre beste Qualität erreichen, sind die Deckblätter, die aus Sumatra-Saaten gezogen werden, mittel- bis dunkelbraun und reich an Geschmack.

VEREINIGTE STAATEN

Die Vereinigten Staaten sind der Welt größter Markt für Premium-Zigarren, und nur Spanien und Kuba blicken wohl auf eine umfangreichere Herstellungsentwicklung von Zigarren und deren Genuss zurück. Mit Sicherheit war jedoch der Zigarrenboom der neunziger Jahre hier am ausgeprägtesten.

Einst besaßen die USA eine florierende Industrie handgemachter Zigarren, deren Zentrum in Florida mit seiner großen Gemeinde von kubanischen Emigranten, vor allem um Tampa herum, angesiedelt war. Heute produzieren die Vereinigten Staaten im Land selbst jedoch nur noch wenige Premium-Zigarren von Bedeutung, da viele Hersteller ihre Produktion in die Karibik und nach Mittelamerika verlegt haben, um von den dortigen Tabakvorräten und den niedrigen Lohnkosten vor Ort zu profitieren.

AMERIKANISCHES DECKBLATT

In den Vereinigten Staaten wird aus kubanischen Saaten eine Tabaksorte im Schatten gezogen, die eines der besten Deckblätter abgibt, bekannt unter der Bezeichnung Connecticut Shade. Dieser Tabak der Hazelwood-Linie wird unter drei Meter hohen Zelten auf dem sandigen Lehmboden jenes Tals gezogen, durch das der Connecticut River fließt. Der Wachstumszyklus beginnt im März und endet im August mit der Ernte, woran sich der Trocknungsprozess anschließt, der durch Gasbrenner unterstützt wird.

Die Kosten für den Anbau der Blätter in solch aufwendiger Weise tragen erheblich zum Preis vieler berühmter Marken bei, welche dieses Deckblatt verwenden – ein Deckblatt, das glatt und seidig ist und eine Tendenz zu hellbrauner bis mittelbrauner Färbung hat. In der Regel wird Connecticut Shade für Zigarren von mildem bis mittlerem Geschmack verwendet.

Eine weitere Tabaksorte, Connecticut Broadleaf, dient ebenfalls als Deckblatt. Es wird in der Sonne gezogen und ist zur Zeit der Reife sehr dunkel und etwas derb. Broadleaf verwendet man für Zigarren, die unter der Bezeichnung Maduro verkauft werden.

Roller in einer Zigarrenfabrik in La Palma auf Teneriffa.

Dunhill Panetela

Dunhill Corona Extra

SPANIEN

Die Nation, welche die Zigarre in der Form entwickelt hat, wie wir sie heute kennen, ist der weltweit größte Zigarrenimporteur von Havannas – und das Rauchen von Zigarren ist fester Bestandteil des Stierkampfbesuchs. Auch im Land selbst werden handgemachte Zigarren hergestellt, die jedoch außerhalb der Landesgrenzen kaum Bedeutung haben. Dagegen ist das spanische Tabakmonopol, Tabacalera, eine wichtige Kraft in der Zigarrenwelt.

Schließlich sind die Kanarischen Inseln, spanischer Außenposten im Atlantik vor der Küste Nordafrikas, ein wichtiger Produktionsort für Premium-Zigarren, auch wenn die Produktion seit den sechziger und siebziger Jahren zurückgegangen ist. Die bekanntesten auf den Kanarischen Inseln zur Zeit hergestellten Zigarren sind Dunhills. Hier handelt es sich um ein kleines, lediglich fünf Formate umfassendes Sortiment. Die Zigarren haben einen milden bis mittleren Geschmack mit einem Hauch Süße. Sie sind gut konstruiert, bieten jedoch einen weniger feinen Rauchgenuss als andere Dunhills (und sind nur in den Vereinigten Staaten erhältlich).

FRANKREICH

Frankreich gehörte zu den ersten europäischen Ländern außerhalb Spaniens, die sich der Zigarrenherstellung widmeten. Schon im Jahre 1740 begann die Produktion in dem bretonischen Ort Morlaix. Auch wenn das französische Tabakmonopol Seita schon seit vielen Jahren in der Welt des Rauchens eine beachtenswerte Rolle spielt, handelt es sich bei der überwiegenden Mehrzahl der in Frankreich produzierten Zigarren um gesichtslose, maschinell gefertigte Massenprodukte.

GROSSBRITANNIEN, DIE NIEDERLANDE, DEUTSCHLAND, DIE SCHWEIZ UND ITALIEN

Großbritannien bietet einen der zuverlässigsten und wichtigsten Märkte für Havannas: Britische Importeure hatten während der vergangenen Jahre einen großen Einfluss auf die Entwicklung von Havanna-Marken. Die wenigen britischen Zigarrenmarken auf dem Markt sind jedoch maschinell gefertigte Massenprodukte, die noch nicht einmal dem Vergleich mit ihren Gegenstücken aus den Niederlanden, Deutschland und der Schweiz standhalten. Die genannten Nationen, vor allem die Niederlande, können auf eine lange Tradition der Maschinenfertigung zurückblicken, wobei in der Regel Tabak aus Sumatra, Brasilien und bisweilen Kuba verwendet wird. Sollte Ihnen nach einer preiswerten, maschinell gefertigten Zigarre zumute sein, so entscheiden Sie sich für eine Marke der genannten Länder. Aus Italien kennt man lediglich die starken, recht bitteren Tos-cani, die sicherlich nur Kenner begeistern können.

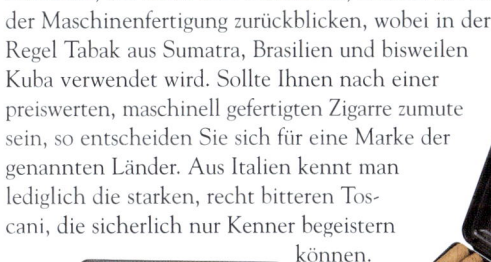

Eine Auswahl verschiedener Agio-Marken, maschinell hergestellt in den Niederlanden.

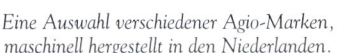

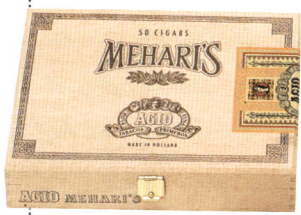

Zigarren-freunde

Ein Who is Who der Zigarrenraucher

ADAMS, JOHN QUINCY
Sechster Präsident der Vereinigten Staaten und Zigarrenliebhaber.
Etliche seiner Nachfolger frönten derselben Leidenschaft, so unter
anderem James Madison, Andrew Jackson, Zachary Taylor, William
McKinley, W. H. Taft, Warren Harding und Herbert Hoover.

BARTELMY, AUGUSTE
Französischer Poet des 19. Jahrhunderts, der 1849 ein Handbuch über
die Kunst des Rauchens in 5000 Alexandrinern verfasste. Ein Vers
daraus lautet (in freier Wiedergabe):

> *Für den Mann, der kein glückloser Laie ist, gibt es unter dem*
> *Firmament nichts, das eine Havanna übertrifft.*
> *Es schwillt die Sonne, die sie bräunt, vor Stolz.*

Und:

> *Es ist notwendig zu wissen, wie man raucht, um zu wissen, wie man*
> *auswählt.*
> *Der wahre Raucher versucht nicht die Imitation des Vesuvs.*
> *Er demonstriert die Notwendigkeit, dass während einer Dreiviertelstunde*
> *Eine Zigarre in seiner Hand ruht, ohne auszugehen.*

BEAVERBROOK, LORD
Der in Kanada geborene Zeitungsmagnat (Besitzer *des Daily Express*)
und britische Politiker (1940–1942 Minister für Luftwaffen- bzw.
Materialbeschaffung) teilte die Liebe zur Zigarre mit seinen Freunden
Winston Churchill und Somerset Maugham.

Bismarck, Otto von

Der »Eiserne Kanzler« war ein begeisterter Zigarrenraucher. Als er einmal nach der französischen Kapitulation, die dem Deutsch-Französischen Krieg von 1870/71 folgte, ohne Begleitung im Pariser Bois de Boulogne ausritt, blieb ihm die von seiner Umgebung ausströmende Feindseligkeit nicht verborgen. Bald gelang es ihm jedoch, die Bedrohlichkeit der Situation zu zerstreuen, indem er einen Passanten um Feuer für seine Zigarre bat.

Bock, Gustavo

Der gebürtige Holländer, dem die Ehre der Erfindung der Bauchbinde

zugemessen wird, war im 19. Jahrhundert einer der ersten Europäer (Spanier ausgenommen), die in Kuba eine Tabakplantage besaßen. Bock schrieb auch ein Buch über die Kunst des Zigarrenrauchens.

Bulwer-Lytton, Edward

Der Dichter, Romanautor und Politiker (und spätere Lord Lytton) der Viktorianischen Zeit schrieb 1845, eine gute Zigarre sei für einen Mann ein ebenso großer Trost, wie es das Tränenvergießen für eine Frau sei.

Burns, George

Der große amerikanische Komiker, der 1996 im Alter von über hundert Jahren starb, wurde selten ohne Zigarre im Mund gesehen. Nach einer Abwesenheit von 35 Jahren kehrte er im Alter von 79 Jahren auf die Leinwand zurück, um prompt mit dem Film *The Sunshine Boys* einen Oscar zu gewinnen. Die meisten früheren Auftritte fanden gewöhnlich an der Seite seiner Ehefrau Gracie Allen statt. Einmal befragt, was sein Arzt von seiner Zigarrenleidenschaft halte, gab er folgende Auskunft: »Das weiß ich nicht. Mein Arzt ist tot.« Er erhielt Geld dafür, dass er für die billige amerikanische Marke El Producto warb, rechtfertigte diese Handlung jedoch damit, dass kostspieligere Zigarren zu oft erlöschen würden, um auf der Bühne Verwendung zu finden.

Byron, Lord

Berühmter britischer Dichter, Lebemann und Anwalt der griechischen Freiheitsbewegung, nach dem einst eine kubanische Marke benannt worden ist.

> *Sosehr du mich in diesen Formen reizt, ich harre*
> *Der nackten Schönheiten. – Zeig dich als Zigarre!*

CAINE, MICHAEL

Der britische Filmstar ist seit seinen Erfolgen in den Filmen *Zulu* und *Alfie* in den sechziger Jahren ein Freund handgemachter Zigarren. Er kauft seine Zigarren in London, in einer Kiste zu fünfzig Stück, bestehend aus einer Auswahl von je zehn Montecristos der Formate 1 bis 5. Caine nennt seine Spezialkiste die »Alle-Sorten-Kiste«.

Der mittlerweile international überaus erfolgreiche Mime wurde übrigens als Maurice Micklewithe geboren und arbeitete in einem Fischereihafen, bevor er zur Schauspielerei kam.

CARUSO, ENRICO

Der große Opernsänger, der 1921 im Alter von nur 48 Jahren starb, hatte in seinen Verträgen eine Klausel, die es ihm gestattete, »auf jedem Teil der Bühne zu rauchen, sobald sich der Vorhang hebt«.

CASANOVA, GIACOMO

Der große venezianische Verführer des 18. Jahrhunderts erwähnt die Zigarre in seiner Autobiographie und war somit einer der Ersten, welcher der Zigarre literarische Reverenz erwies.

CASTRO, FIDEL

Der kubanische Kommunistenführer, der 1959 General Fulgencio Batista stürzte, war ein begeisterter Zigarrenraucher – so fußte eine CIA-Verschwörung auf dem Plan, ihn durch Manipulation seiner Zigarren loszuwerden. Vor einigen Jahren gab der Máximo Líder jedoch das Rauchen auf, um seine Landsleute dazu zu bewegen, ihren Rauchkonsum – ca. 300 Millionen Zigarren pro Jahr – einzuschränken.

Als Fidel Castro 1955 als Gefangener auf der Insel Pines gehalten wurde, erreichten ihn Botschaften seiner Anhänger wohl deshalb, weil sie in Zigarren gerollt waren.

CHAPLIN, CHARLIE

Selten fehlt in seinen Filmen die Zigarre in seinem Mundwinkel. Er starb 1977, kurz nachdem er den Titel »Sir« erhalten hatte. Seine Tochter Geraldine ist als Raucherin von Panatelas bekannt.

CHE GUEVARA, ERNESTO

Der in Argentinien geborene Revolutionär, Kultfigur der Linken, wurde kubanischer Minister für Industrie und kam 1967 in Bolivien ums Leben. Der ausgebildete Arzt schrieb einmal: »Ein gewohnheitsmäßiger und wichtiger Bestandteil des Guerillalebens ist das Rauchen … denn der Rauch, den er in Momenten der Entspannung ausstoßen kann, ist dem einsamen Soldaten ein wunderbarer Begleiter.«

CHURCHILL, SIR WINSTON

Der britische Staatsmann war einer der berühmtesten und hingebungsvollsten Zigarrenraucher der Geschichte. Er bevorzugte große Zigarren (oft Double Coronas) mit dunklen Deckblättern, die er gewöhnlich nur bis zur Hälfte aufrauchte. Man sagt ihm nach, mehr als 200000 Zigarren während seines langen Lebens geraucht zu haben. Viele davon wurden ihm von Unternehmen wie der Jamaica Tobacco Co und Hoyo de Monterrey, das sich zu seiner Zeit im Besitz von Palicio befand, kostenlos geliefert. Ständig musste er jedoch Kämpfe mit den britischen Behörden ausfechten, damit das geschenkte Gut auch frei von Einfuhrzöllen und Tabaksteuern blieb. Ein späterer britischer Premierminister, Harold Wilson, der in der Öffentlichkeit Pfeife rauchte, privat jedoch der Zigarre den Vorzug gab, hatte in den sechziger Jahren ein ähnliches Problem, als ihm Fidel Castro zwei nahezu fünf Kilogramm schwere Kisten mit Zigarren schickte.

Churchill machte Bekanntschaft mit Havannas, als er 1895 während des spanisch-amerikanischen Krieges Kuba besuchte. Später deckte er seinen Bedarf bei Robert Lewis, dem großen Londoner Zigarrenhändler, und bei Dunhill. Die Bücher des Geschäfts belegen, dass seine erste Bestellung im Jahre 1900, seine letzte einen Monat vor seinem Tode im Jahre 1965 einging. Churchill sagte einmal: »Ich trage Kuba stets in meinem Mund.« Er ist einer der wenigen Menschen, nach denen ein Zigarrenformat benannt wurde, ursprünglich von Romeo y Julieta, später auch von vielen anderen Marken. Das Standardmaß des Churchill-Formats ist 7 Inches (178 mm) lang mit einem Ringmaß von 47, aber auch etliche von diesen Maßen abweichende Formate tragen den Namen des britischen Premiers.

Als während der deutschen Luftangriffe auf London das Dunhill-Geschäft getroffen wurde, rief ein aufgeregter Manager nachts um zwei Uhr im Hause Churchill an, nur um mitzuteilen: »Ihre Zigarren sind in Sicherheit, Sir.« Und als Feldmarschall Montgomery einmal zu ihm sagte: »Ich trinke nicht, ich rauche nicht, ich schlafe sehr viel. Deshalb bin ich hundert Prozent fit«, konterte Churchill: »Ich trinke sehr viel, ich schlafe wenig, und ich

Hoyo de Monterrey Double Corona

rauche eine Zigarre nach der anderen. Deshalb bin ich zweihundert Prozent fit.«

Auf eine ähnliche Bemerkung des Königs von Saudi-Arabien (Ibn Saud), den Churchill zu Tisch gebeten hatte, bat Churchill einen Dolmetscher Folgendes zu sagen: Auch wenn es die Religion Seiner Majestät sei, sich des Rauchens und des Alkohols zu enthalten, so müsse er doch hervorheben, dass »meine Lebensregeln als absolut heiliges Ritual das Rauchen von Zigarren ebenso wie den Genuss von Alkohol vor, nach und, falls notwendig, während der Mahlzeiten sowie in den Pausen dazwischen vorschreiben«.

Auch Churchills Tochter, Lady Soames, Witwe des früheren britischen Botschafters und Kabinettsmitglieds Christopher Soames, ist eine leidenschaftliche Zigarrenraucherin. In seinen umstrittenen Tagebüchern vermerkte Lord Wyatt: »Mary rauchte eine Zigarre nach dem Dinner. Eine ziemlich große. Sie sagte, ihr Papa rauche nicht so viele Zigarren, wie die Leute dachten.« Tatsächlich behauptete ein Buch Ende der neunziger Jahre, dass Churchill während der letzten fünfzehn Jahre seines Lebens nur noch vor den Kameras der Zigarre (und, bei Bedarf, einem Brandy) gefrönt habe.

CIFUENTES
Diese große kubanische Familie besaß die Partagas-Fabrik seit 1920 sowie andere Marken (wie zum Beispiel die Ramon Allones).

CLAY, HENRY
Amerikanischer Senator des 19. Jahrhunderts, der finanziell auf Kuba engagiert war und nach dem eine Marke benannt ist.

COBURN, JAMES
Der Star vieler Filme (*Gesprengte Ketten, Major Dundee, Steiner – Das Eiserne Kreuz*) gehört zu den kenntnisreichsten Zigarrenrauchern Hollywoods. Zu seinen Favoriten zählt die Marke Saint Luis Rey.

Zigarren der Serie A von Saint Luis Rey.

COLETTE, SIDONIE-GABRIELLE

In dem Roman *Gigi* lässt die französische Schriftstellerin, die 1954 in Paris starb, Tante Alice sagen: »Lass mich nachdenken, wie ich dir beibringen kann, wie man Zigarren auswählt … wenn eine Frau die Vorlieben eines Mannes kennt – und hierzu gehören Zigarren – und wenn ein Mann weiß, was einer Frau gefällt, sind beide wohl gerüstet für ein Leben Seite an Seite.«

COLTRANE, ROBBIE

Der als Robin McMillan geborene beleibte schottische Fernsehstar und Darsteller in den James-Bond-Filmen *Golden Eye* und *Die Welt ist nicht genug* stieg von Zigaretten auf Zigarren um. Er mag die Epicure No. 2 der Marke Hoyo de Monterrey (ein Robusto-Format, wie der Mann selbst) und, manchmal, eine Montecristo No. 4.

Hoyo de Monterrey Cabinet Epicure No. 2.

CONRAN, SIR TERENCE

Britischer Geschäftsmann, Restaurator und Design-Guru, Gründer der Möbelkette Habitat und einiger der bekanntesten Restaurants Londons. Sein Lieblings-Smoke ist die El Rey del Mundo. Auch einer seiner Söhne, Tom, ebenfalls Restaurantbesitzer, wenn auch nicht von so vielen, wie sie sein Vater besitzt, frönt dem Genuss von Zigarren.

COPPOLA, FRANCIS FORD

Der Regisseur von so unvergesslichen Filmen wie *Apocalypse Now*, *Der Pate* und *Cotton Club* sowie der Verfilmung von Bram Stokers *Dracula* ist ein regelmäßiger Zigarrenraucher, womit er in die Fußstapfen seines Vaters Carmine trat (der ein Liebhaber italienischer Zigarren war, also vorzugsweise Toscani rauchte). Coppola ist im Besitz eines Zigarrenanschneiders aus Gold und Silber, der einst dem Studioboss Jack Warner gehörte.

CRUISE, TOM

Der US-amerikanische Filmstar schätzt die Cohiba. Vor einigen Jahren bat er die Importfirma Hunters & Frankau in London, ihm tausend Robustos seiner Lieblingsmarke zu besorgen.

DAVIDOFF, ZINO

Der in Russland geborene Davidoff trägt einen der größten Namen der Zigarrenwelt. Sein Vater besaß einen Tabakladen in Kiew. Zino trat in seine Fußstapfen, als die Familie 1912 in die Schweiz zog. In seiner Jugend verbrachte er zwei Jahre in Kuba, um alle Aspekte des Tabakanbaus und der Zigarrenherstellung zu erlernen. 1945 entwickelte er zusammen mit der Fabrik der Hoyo de Monterrey seine Château-Serie, und 1969 ließ er eine Havanna-Marke mit auffälligen weißen und goldenen Bauchbinden nach ihm benennen.

Nach einem Disput mit den Kubanern verlegte Davidoff 1990 die Produktion der Zigarren, die seinen Namen tragen, in die Dominikanische Republik. 1983 führte Davidoff die in Honduras hergestellte Marke Zino in den Vereinigten Staaten ein.

Zino Connoisseur 100

Vielleicht ist das Unternehmen Davidoff mittlerweile der größte Zigarrenhändler weltweit. Die Davidoff-Läden in allen fünf Kontinenten (das Hauptgeschäft befindet sich in Genf, die anderen sind zum größten Teil konzessioniert) sind Tempel des Rauchgenusses, in denen neben Zigarren alle erdenklichen Accessoires verkauft werden.

DeVITO, DANNY

Der US-amerikanische Schauspieler und Regisseur raucht Corona Especiales und Robustos der Marke Cohiba, die er im Davidoff-Laden in London erwirbt.

DON JUAN

Der legendäre spanische Verführer war ein begeisterter Raucher von Zigarren aus Sevilla.

DUFY, RAOUL

Französischer Maler, der 1953 starb und für seine kraftvollen Farben in seinen Gemälden von Badenden, Booten und Pferderennen

berühmt war. Er war ein überzeugter Zigarrenraucher, der nicht selten seine Bilder gegen Zigarren tauschte.

DUNHILL, ALFRED

Begründer der berühmten Zigarrenläden zu Beginn des 20. Jahrhunderts in London und New York sowie Autor des Buchs *The Gentle Art of Smoking*.

Das alte englische Unternehmen von Alfred Dunhill kann für sich eine lange Verbindung mit exquisiten Zigarren in Anspruch nehmen. Von Dunhill ließ das Unternehmen Menendez y Garcia 1935 seine junge Marke Montecristo vertreiben, zudem beherbergte das Haus Marken wie Don Candido und Don Alfredo. In den achtziger Jahren begann die kurze Phase der eigenen Havanna-Marke mit dem länglichen »d« auf den roten Bauchbinden, die Zigarren mit den Namen Cabinetta, Malecon und Mojito zierten. Die kubanische Produktion wurde 1989 eingestellt. Die Firma bietet nun auch Reise-utensilien, Kleidung und alle möglichen Accessoires an, jedoch wird der Name nach wie vor hauptsächlich mit dem Rauchen assoziiert.

EDWARD VII., KÖNIG VON ENGLAND

Als Prinz von Wales (eine Romeo y Julieta wurde nach ihm benannt) unternahm er ob seiner gesellschaftlichen Position einiges, um das Zigarrenrauchen salonfähig zu machen. Er bevorzugte Double Coronas, vor allem jene, die das Emblem des Prinzen von Wales – drei weiße Straußenfedern – auf der Bauchbinde trugen. Seiner Mutter, Königin Viktoria, war jedoch das Rauchen verhasst, weshalb sie es sich in ihrer Gegenwart verbat. Als Edward dann endlich König wurde, konnte er vor seinem Hof sagen: »Gentlemen, Sie dürfen rauchen.« Gegenwärtig zählt keines der Mitglieder der britischen Königsfamilie zu den passionierten Zigarrenrauchern, auch wenn Prinz Philip und Lord Snowdon (Starphotograph und früherer Ehemann von Prinzessin Margaret) beide in der Vergangenheit eine gewisse Begeisterung für Zigarren an den Tag legten – immerhin wurde eine Macanudo nach Prinz Philip benannt. Prinzessin Margarets Sohn, der Möbeldesigner Lord Linley, wählte für seine Kreationen einer Reihe kunstvoller Humidore Bauernhäuser als Vorbilder.

Macanudo Prince Philip

FARUK I., KÖNIG VON ÄGYPTEN

Der glücklose König und Playboy, der 1965 im römischen Exil starb, war ein hingebungsvoller Raucher großer Zigarren, vor allem von Double Coronas. Er pflegte mindestens 5 000 Zigarren auf einmal zu kaufen. Ein Format mit dem bezeichnenden Namen Visible Inmenso, das, bei einem Ringmaß von 47 beachtliche 18 Inches (457 mm) lang war, wurde speziell für ihn hergestellt.

FINNEY, ALBERT

Der britische Schauspieler, der auf der Bühne ebenso brilliert wie auf der Leinwand, löste sich vor Jahren von den Rollen des Helden der Arbeiterklasse auf der Bühne und in Filmen wie *Samstagnacht bis Sonntagmorgen*, um Charaktere, die Wohlstand ausstrahlen, zu verkörpern, so etwa den Detektiv Hercule Poirot in

Montecristos.

Mord im Orient-Express, so etwa einen politischen Führer in *Miller's Crossing*, wo er genüsslich eine Zigarre schmaucht. Seine wahren Vorlieben zeigen sich in seiner Begeisterung für Pferderennen (Finney besitzt etliche Pferde) und für die Montecristo No. 1.

FOCH, MARSCHALL FERDINAND

Französischer Held des Ersten Weltkriegs, 1917 zum Chef des Armeegeneralstabs, 1918 zum Oberkommandierenden aller Truppen der Entente ernannt. Er war ein Meisterstratege und -taktiker, der fand, dass Zigarren vor allem vor großen militärischen Entscheidungen seine Konzentrationsfähigkeit steigerten.

FREUD, SIGMUND

Der lange Zeit in Wien lebende Begründer der Psychoanalyse frönte seit seinem 24. Lebensjahr dem Genuss von Zigarren. Kurz vor seinem Tode bemerkte er, dass er

der Zigarre eine große Intensivierung seiner Arbeitsfähigkeit und Erleichterung seiner Selbstkontrolle verdanke. Was nun die Anhänger seiner Theorien aus dem Symbolismus seiner Leidenschaft und dem damit verbundenen unbewussten Trieb machten, bleibt dahingestellt.

GLENN, JOHN

Der hochdekorierte Flieger des Marinekorps und Testpilot des Zweiten Weltkriegs war der erste Amerikaner, der die Welt im Orbit umrundete, so geschehen 1962 in der Raumkapsel *Merkur Atlas 6*. Nach seinem Rückzug aus dem Raumfahrtprogramm wurde er Geschäftsmann und Senator der Demokratischen Partei. 1984 kandidierte er ohne Erfolg für die Präsidentschaft. Der Auskunft Zino Davidoffs zufolge wurden dem Raumfahrer bei seiner Rückkehr aus dem All Havannas entsprechend seinem persönlichen Gewicht überreicht, obwohl das US-Embargo gegen Kuba bereits in Kraft war.

Im Jahre 1980 hob dann die erste Zigarre zum Raumflug an Bord des russischen Raumflugkörpers *Sojus 38* ab. Es handelte sich dabei um eine extra hergestellte kubanische Corona mit einer Länge von 5¾ Inches (146 mm) und einem Ringmaß von 42. Die Einlageblätter kamen aus San Juan y Martinez und San Luis in der Vuelta Abajo, das Umblatt stammte aus dem ebenfalls in der Vuelta Abajo gelegenen Santa Damiana, das Deckblatt aus der Partido-Region in der Provinz Havanna. Die Bauchbinde war in den kubanischen Nationalfarben blau, weiß und rot (mit einem weißen Stern in der Mitte) gehalten.

Montecristo A

GRADE, LORD

Lew Grade, der britische Fernsehmagnat und Filmproduzent, der seine berufliche Laufbahn als Charleston-Tänzer begann und 91 Jahre alt wurde, war selten ohne eine Montecristo A im Mund zu sehen. Er rauchte sechs Stück pro Tag. Bevor die Montecristo A auf den Markt kam, ließ er Amorvana Giants aus Jamaika importieren.

Sein Neffe Michael, früherer Leiter eines britischen Fernsehsenders, setzt die Zigarrentradition der Familie fort.

GRANT, ULYSSES S.

Der General des amerikanischen Bürgerkriegs und spätere 18. Präsident der Vereinigten Staaten pflegte zunächst zehn Zigarren pro Tag zu rauchen, steigerte seinen Konsum jedoch auf zwanzig bis fünfundzwanzig Stück pro Tag, vor allem nachdem er Tausende Exemplare als Geschenk von Bewunderern erhalten hatte. Während seiner Präsidentschaftskandidatur begleitete der Song *A-Smokin' His Cigar* die Kampagne.

GULBENKIAN, NUBAR

Der illustre armenische Ölmagnat (Sohn von Calouste Gulbenkian, einem der reichsten Männer der Erde) bevorzugte Partagas-Zigarren, die er auch nach der kubanischen Revolution rauchte – er kaufte sie in Prag, der Hauptstadt der ehemaligen Tschechoslowakei, und bezahlte sie über eine sowjetische Bank. Gulbenkian sagte einmal: »Auch wenn der Teufel eines Tages von der Vuelta Besitz ergreifen sollte, werde ich weiterhin Havannas rauchen.«

Partagas Shorts

HEMINGWAY, ERNEST

Der US-amerikanische Schriftsteller, der lange auf Kuba lebte, wo sein Haus nach wie vor als Museum konserviert wird, liebte Zigarren ebenso wie Stierkämpfe, Hochseeangeln und Großwildjagd. In einigen seiner Werke kommen kubanische Orte vor.

HITCHCOCK, SIR ALFRED

Der große britische Regisseur, späterer Meister des »Suspense«, der 1980 im Alter von 81 Jahren starb, war der Regisseur des ersten erfolgreichen britischen Tonfilms, *Erpressung*. Sowohl auf dem Set als auch im normalen Leben war Hitchcock ein begeisterter Zigarrenraucher. In einigen seiner Filmszenen sind Zigarren zu sehen.

HOOD, THOMAS

Im Jahre 1840 schrieb dieser britische Poet ein Gedicht mit dem Titel *Die Zigarre:*

Some sigh for this and that;	*(Einige sehnen sich nach allem Möglichen;*
My wishes don't go far;	*Dagegen sind meine Wünsche bescheiden;*
The world may wag at will,	*Soll sich doch die Welt auf den Kopf stellen;*
So I have my cigar.	*Ich habe meine Zigarren.)*

HUGO, VICTOR

Der französische Schriftsteller nannte den Tabak einmal »die Pflanze, die Gedanken in Träume verwandelt«. Seine Werke gehörten zu den beliebtesten, die im 19. und frühen 20. Jahrhundert in den Sälen der Zigarrenfabriken Havannas vorgelesen wurden.

JONES, TOM

Der Balladensänger und ehemalige Bergmann aus Wales ist ein regelmäßiger Raucher handgemachter Zigarren. Als Mann von recht kleiner Statur bevorzugt er die lange Montecristo A.

KENNEDY, JOHN F.

Obwohl Präsident Kennedy das Handelsembargo über Kuba als Ergebnis des sowjetischen Versuchs, 1962 auf Kuba Atomwaffen zu stationieren, verhängte, geschah dies nicht, bevor er sich einen eigenen Vorrat kubanischer Zigarren gesichert hatte. Eines schönen Abends im Februar 1962, einige Monate nach dem Zwischenfall in der Schweinebucht, zitierte Kennedy seinen ebenfalls zigarrenrauchenden Pressesekretär, Pierre Salinger, herbei, auf dass er ihm bis zum nächsten Morgen tausend Petit Upmanns besorge. Am nächsten Morgen um 8.00 Uhr rief ein besorgter Kennedy an, und nachdem Salinger die erfolgreiche Beschaffung stolzer zwölfhundert Zigarren gemeldet hatte, griff Kennedy augenblicklich zur Feder, um das Dekret zu unterzeichnen, das alle kubanischen Produkte vom US-Markt verbannte.

Einige Monate später fand sich Salinger (dessen Favorit die Lusitanias aus dem Sortiment der Partagas ist) bei Gesprächen mit Nikita Chruschtschow in Moskau wieder. Chruschtschow, der keine Zigarren mochte, überreichte Salinger eine Schachtel mit 250 Havannas. Auch wenn ihm bewusst war, dass er gegen das Embargo verstoßen würde, beschloss Salinger, das kostbare Gut unter Einsatz seines Diplomatenpasses mit nach Hause in die Vereinigten Staaten zu nehmen. Eigentlich hatte er die Zigarren mit Kennedy teilen wollen, doch da der Präsident einen Skandal befürchtete, ordnete er ohne Umschweife an, die Zigarren bei der Zollbehörde zu deklarieren. Salinger tat selbstverständlich, wie ihm geheißen …

KIPLING, RUDYARD

Der Schriftsteller und Nobelpreisträger, Autor von *Gunga Din* und anderen Lobliedern auf das britische Empire, trat in seiner Person als Zigarrenliebhaber mit folgenden, allseits bekannten Zeilen (aus *The Betrothed*) vor sein Publikum: »Eine Frau ist nur eine Frau, aber eine gute Zigarre ist ein Smoke.« Aus dem Kontext gerissen, wurden diese Worte jedoch weithin missverstanden. Tatsächlich handelt es sich um zwei Zeilen eines satirischen Gedichts, das von der schmerzlichen Wahl zwischen einer Frau, Maggie, und dem Rauchen handelt. Kipling war durch den Fall des Bruchs eines Eheversprechens, der 1885 vor Gericht verhandelt wurde, zu seinem Gedicht inspiriert worden. Das Gedicht erzählt (in freier Wiedergabe) Folgendes:

Man öffne die alte Zigarrenkiste und reiche mir eine fette Havanna,
Denn die Dinge laufen verquer, und Maggie und ich sind auseinander.

Wir stritten über Havannas, zankten ob eines guten Stumpens,
Ich weiß, sie ist anspruchsvoll, sie sagt, ich bin ein Rohling …

… Es ist Friede in einer Larrañaga, es ist Ruhe in einer Henry Clay.
Aber auch die beste Zigarre ist nach einer Stunde zu Ende und wird weggeworfen –

Man öffne die alte Zigarrenkiste - lasst mich einen Moment überlegen.
Hier eine milde Manilla - dort das Lächeln einer Ehefrau …

Welches ist das bessere Los – das Joch, erworben mit einem Ring,
Oder ein Harem dunkler Schönheiten, fünfzig in einer Reihe? …

Eine Million weiterer Maggies sind bereit, das Joch zu tragen;
Und eine Frau ist nur eine Frau, aber eine gute Zigarre ist ein Smoke.

Man entfache mir eine weitere Havanna, ich stehe zu meinem Schwur.
Wenn Maggie keinen Rivalen erträgt, werde ich keine Maggie zur Ehefrau haben!

LA ROCHEFOUCAULD-LIANCOURT, HERZOG VON

Der französische Diplomat, 1747 geboren, schrieb einmal während einer Reise: »Die Zigarre ist eine großartige Ressource. Man muss schon eine lange Zeit auf einem Schiff gereist sein, um zu begreifen, welch einen Rauchgenuss die Zigarre bereithält. Sie erweckt die Lebensgeister. Macht Dir etwas Sorgen? Die Zigarre wird die Sorgen zerstreuen. Verfolgen Dich unangenehme Gedanken? Das Rauchen einer Zigarre versetzt Dich in einen Geisteszustand, der alle unangenehmen Gedanken vertreibt … Wenn Dich trübe Gedanken plagen, wird eine Zigarre sie aus Deinem Bewusstsein vertreiben … Manchmal verglimmen sie, und glücklich sind diejenigen, die nicht zu schnell neu anzünden müssen …«

LONSDALE, LORD

Der britische Aristokrat und große Zigarrenliebhaber ist einer der wenigen Menschen, die Namensgeber eines Zigarrenformats sind, das für sie kreiert worden ist. Dieses Format ist heute eines der beliebtesten (gewöhnlich 6 [152 mm] x 42). Früher trug eine jede Kiste der kubanischen Marke Rafael Gonzalez das Konterfei Lonsdales auf der Innenseite des Kistendeckels.

Rafael Gonzalez Lonsdale

MALLARMÉ, STÉPHANE

Der französische Dichter des 19. Jahrhunderts schrieb einmal: »Welche Üppigkeit, wenn ich mit meinem Vater speiste … Nach dem Mahl brachte er eine Kiste funkelnder Zigarren: Valle, Clay, Upmann. Ich öffnete diese Kisten, die Visionen tanzender Mädchen evozierten, und ich entfernte die Bauchbinden, denn genau das ist zu tun …«

MARSHALL, THOMAS

Vizepräsident der Vereinigten Staaten unter Woodrow Wilson, berühmt für seine Bemerkung, die er um 1920 gegenüber John Crockett tat: »Was dieses Land wirklich braucht, ist eine gute Fünf-Cent-Zigarre.« Diese Äußerung veranlasste später den Komiker Will Rogers zu der Replik, das Land berge einen reichen Vorrat guter Fünf-Cent-Zigarren, leider würden sie aber zu 15 Cents verkauft.

MARTÍ, JOSÉ

Kubanischer Schriftsteller und Revolutionär, der den Aufstand gegen die Spanier im Jahre 1895 anführte. Seine Kampagne wurde weitgehend von im Exil lebenden kubanischen Tabakarbeitern finanziert. Eine der wichtigsten Fabriken Havannas (früher H. Upmann) ist nach ihm benannt. Der ehemalige Vorleser in einer Zigarrenfabrik schrieb einmal über den Tabak, er sei der Trost des Nachdenklichen, die Freude des Tagträumers …

Auch der vor Martí aktive südamerikanische Revolutionär Benito Juarez war Zigarrenraucher.

Marx, Groucho

Ein begeisterter Zigarrenraucher, wie die Filme der Marx Brothers belegen. Wenn ein Komiker je über ein Markenzeichen verfügte, so war es Groucho mit seiner Zigarre, obwohl er sie selten, wenn überhaupt, auf der Leinwand tatsächlich entfachte. Als ihn seine Frau einmal bat, die Zigarren aufzugeben, sagte er: »Nein, aber wir können gute Freunde bleiben.« Bei anderer Gelegenheit erzählte ihm eine Frau, sie habe zweiundzwanzig Kinder, weil sie ihren Ehemann liebe. Groucho erwiderte: »Auch ich mag meine Zigarre. Aber hin und wieder nehme ich sie doch aus dem Mund.« Er mochte starke Zigarren, und einer seiner Favoriten war die Dunhill 410.

Marx, Karl

Der politische Denker lebte in London das unstete, mittellose Leben eines Getriebenen, der auch nicht selten dem Alkohol zusprach. Und er liebte Zigarren. Eines Tages sah er, wie im Schaufenster eines Tabakladens im Stadtteil Holborn für (ziemlich schlechte) Zigarren mit dem Slogan geworben wurde: »Je mehr Sie rauchen, desto mehr sparen Sie.« Seinen tiefen Einblick in wirtschaftliche Zusammenhänge verdeutlichte er seinen Freunden durch die Erklärung, dass er beim Erwerb der Zigarren pro Kiste einen Schilling und Sixpence sparen würde und dass er, wenn er nur genug rauchte, eines Tages womöglich von seinen »Ersparnissen« würde leben können. Sein Biograph Francis Wheen schrieb hierzu: »Die Erprobung dieser Theorie erlegte den Lungen ein solches Kratzen auf, dass schließlich der Hausarzt einschreiten musste, um dem keuchenden Patienten zu verordnen, schleunigst eine andere Methode der Kapitalanhäufung zu finden.«

Maugham, William Somerset

Der britische Autor von *Liza of Lambeth*, *Silbermond und Kupfermünze* und *Der Menschen Hörigkeit*, einst reichster Schriftsteller der Welt, führte ein qualvolles Leben, das nach seinem Tod in zahlreichen Schriften dokumentiert wurde. Er schrieb in seiner Autobiographie: »Eine gute Zigarre ist eines der größten Vergnügen, die ich kenne. Als ich jung und sehr arm war, kam ich nur dann in den Genuss einer Zigarre, wenn ich sie geschenkt bekam. Ich habe mir damals geschworen, dass ich, wenn ich jemals zu Geld käme, jeden Tag nach dem Lunch und nach dem Dinner eine Zigarre genießen würde. Dies ist der einzige Vorsatz meiner Jugend, den ich eingehalten habe, und die einzige verwirklichte Ambition, die mich nicht enttäuschte. [...] Ist die Zigarre zu kurz, kann man den Smoke nicht genießen. Ist sie zu fett, wird man vom Rauchgenuss überwältigt. Die beste Zigarre ist diejenige, die man ohne Aufwand rollen kann, deren Deckblatt sich nicht im Mund auflöst und die ihr Aroma bis zum Schluss behält.« Zufällig war Maugham Arzt.

MENCKEN, HENRY LOUIS

Der in Baltimore geborene amerikanische Journalist und
Kritiker war der Sohn des Zigarrenfabrikbesitzers August
Mencken. Als Jüngling arbeitete er in der Fabrik seines
Vaters, bevor er umsattelte, um einer der berühmtesten
amerikanischen Reporter zu werden. Er hasste das Zigarrengeschäft, liebte jedoch Zigarren (die er immerhin
selbst schon gerollt hatte). Mencken bestellte dreihundert Zigarren pro Monat, konnte sie jedoch oft wegen heftiger Heuschnupfenattacken nicht aufrauchen.

Als sich eine Frauengruppe dafür stark machte,
Zigarren aus den Straßenbahnen Baltimores zu ver-
bannen, schrieb er: »Im Allgemeinen sind Frauen
nicht annähernd so zerbrechlich, wie im Liebesroman be-
schworen wird. Eine Frau, die eine halbe Stunde auf dem
Fischmarkt von Lexington stehen kann, ist durchaus in
der Lage, ein bisschen Zigarrenrauch auszuhalten.« Er
behauptete auch, nicht eine (Frau) unter zehntausend
sei in der Lage, guten Tabak von schlechtem zu unterscheiden.

MENENDEZ

Eine der großen kubanischen Zigarrenfamilien, die,
zusammen mit der Familie Garcia, die Marken H. Upmann und Montecristo besaß. Nach der Revolution
verließ die Familie Kuba, um fortan die Marke Montecruz auf den Kanarischen Inseln zu produzieren. Später
übernahm Benjamin Menendez die Produktionskon-
trolle für einige Marken von General Cigar (darunter Partagas, Temple Hall und Macanudo), die auf
Jamaika und in der Dominikanischen Republik hergestellt werden.

MUSSET, ALFRED DE

Der Dichter, Romanautor und Bühnenschriftsteller des
19. Jahrhunderts war ein großer Verehrer der Zigarre.
Als solcher bezeichnete er die Zigarre als den besten
Zeitvertreib, und er schrieb: »Jeder Zigarrenraucher ist
ein Freund, weiß ich doch, was er fühlt.«

NETANJAHU, BENJAMIN

Als er noch im Amt war, wurde dem israelischen Premierminister auferlegt, selbst für seine Zigarren aufzu-
kommen, da seine Smokes (die er auch gerne offerierte)
den Steuerzahler pro Monat 3200 US-Dollar kosteten.

Temple Hall 700

ONASSIS, ARISTOTELES

Der ungeheuer reiche griechische Reeder liebte Zigarren fast ebenso wie sein Freund Winston Churchill – und wie John F. Kennedy (dessen Witwe er heiratete). Sein Vater war Tabakhändler, und Aristoteles Onassis selbst machte seine erste Million als Tabakimporteur. Seine sündhaft teure Yacht »Christina« hatte auch einen Humidor an Bord.

PALICIO

Diese Familie besaß vor der kubanischen Revolution die Marken Hoyo de Monterrey und Punch. Die Markenzeichen gingen über an die Firma Villazon, die nun Zigarren unter diesen Markennamen in Honduras herstellt. Am ehesten wird die Marke Punch jedoch mit Fernando Palicio, ihrem letzten privaten Besitzer, der auch die Marke Belinda besaß, in Verbindung gebracht. Ihm ist im Wesentlichen die Verbreitung des halben Corona-Formats (Petit Punch) zuzuschreiben, vor allem in Großbritannien.

PILSUDSKI, JOSEF KLEMENS

Polnischer Politiker, militärischer Führer während des Ersten Weltkriegs und schließlich »Staatschef« Polens, sagte über das Rauchen: »Niemals wird man mich von demjenigen Freund trennen, mit dessen Hilfe ich die angenehmsten Augenblicke meines Lebens verbrachte.«

RAVEL, MAURICE

Der französische Komponist des späten 19. und frühen 20. Jahrhunderts und Schöpfer des berühmten *Bolero* war ein überzeugter Raucher von Havannas. Er behauptete von sich, das Rauchen helfe ihm bei der Komposition seiner Orchester- und Klavierwerke. Der Text zu seinem Stück *L'enfant et les sortilèges* stammt übrigens von einer Person, die ebenfalls die Zigarre verehrte: der französischen Schriftstellerin Colette.

ROBINSON, EDWARD G.

Der große Hollywood-Star rauchte im richtigen Leben ebenso viele Zigarren wie auf der Leinwand. Im Jahre 1949 wurde er von US-Zigarrenimporteuren dafür, dass er der Zigarre auf der Leinwand zu Popularität verhalf, mit dem Titel »Mister Cigar« geehrt.

ROTHSCHILD

Die Mitglieder des französischen Zweigs der berühmten Bankiersfamilie gehören seit langem zu den Connaisseuren edler Zigarren.

Sie gestatteten die Verwendung der Namen einiger ihrer berühmtesten Weine für die Château-Serie von Zino Davidoff. Als dann in den achtziger Jahren Zinos Mouton-Cadet-Serie auf den Markt kam, war es keine Geringere als die Baroness Philippine de Rothschild, die Davidoff auf seiner Werbetour durch die Vereinigten Staaten begleitete.

RUBINSTEIN, ARTHUR

Der gefeierte Pianist polnischer Herkunft liebte Zigarren und besaß sogar eine Plantage in der kubanischen Vuelta Abajo. Er hatte genügend Weitblick, um sich vor der Revolution einen Havanna-Vorrat zu sichern, der bei Dunhill in New York gelagert wurde und die Versorgung bis zu seinem Lebensende sicherte. Seine Lieblingsmarke war Romeo Y Julieta.

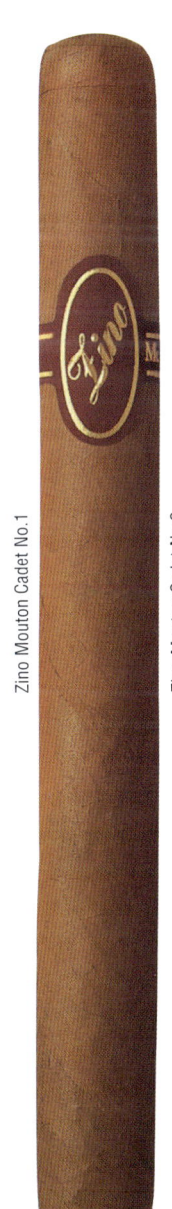

Zino Mouton Cadet No.1

Zino Mouton Cadet No.2

Zino Mouton Cadet No.3

SAND, GEORGE
Die französische Schriftstellerin des 19. Jahrhunderts (eigentlich war sie auf den Namen Amandine-Aurore-Lucile Dupin getauft), Geliebte Chopins und Zigarrenraucherin, schrieb einmal: »Zigarren lindern den Schmerz und die Einsamkeit der Menschen durch Tausende von schönen Bildern.«

SAVILE, SIR JIMMY
Britischer Discjockey, Repräsentant des Showbusiness und unermüdlich für wohltätige Zwecke eintretend, ist den vollmundigen Coronas Extras der Marke Bolivar ergeben, die er im Dunhill-Shop in London kauft. Sein Freund, Prinz Charles, pflegte als Nichtraucher dem ehemaligen Bergmann die Cohibas zu überreichen, die er als Geschenk von Fidel Castro erhielt.

SCHWARZENEGGER, ARNOLD
Einer der größten Helden der Leinwand und gleichermaßen tüchtiger Geschäftsmann. Der in Österreich geborene Schwarzenegger ist mit der Fernsehmoderatorin Maria Shriver aus der Kennedy-Familie verheiratet. Der ehemalige Bodybuilder kauft seine geliebten Esplendidos der Marke Cohiba in London.

SCOTT, RIDLEY
Der britische Filmregisseur, berühmt für sein Talent zur Ausstattung (er ist ausgebildeter Designer), drehte Filme wie *Blade Runner*, *Alien* und *Thelma und Luise* – und raucht Cohibas. Das erscheint angemessen für den Mann, der die Reise des Kolumbus nach Amerika verfilmte. So geschehen in seinem monumentalen Film *1492* mit Gerard Depardieu.

SIBELIUS, JEAN
Der finnische Komponist, der 1957 im Alter von 92 Jahren starb, schrieb einmal zum Dank für kubanische Zigarren, die er zum 83. Geburtstag geschickt bekommen hatte: »Da einer meiner Onkel in Kuba lebte und starb, ist mein Interesse an diesem bewundernswerten Land immer sehr rege gewesen. Im Übrigen habe ich mein ganzes Leben lang Havannas geraucht, die mir natürlich immer sehr viel bedeutet haben.«

Sinatra, Frank

»Old Blue Eyes«, einer der größten Entertainer und Sänger des 20. Jahrhunderts, genoss hin und wieder eine Lonsdale, vor allem der Marke Saint Luis Rey, oder eine Montecristo No 1.

Stendhal

Der französische Schriftsteller des 19. Jahrhunderts (sein richtiger Name war Henri Beyle) und Autor von *Rot und Schwarz* widmete der Zigarre in seinen Werken etliche Zeilen. Von 1814 bis 1821 lebte er in Italien, wo er italienische Toscani rauchte. »An einem kalten Morgen im Winter stärkt eine toskanische Zigarre die Seele«, schrieb er einmal.

Thackeray, William Makepeace

Der englische Schriftsteller des 19. Jahrhunderts, der seinen Arbeitstag bei einer Zigarre abzuschütteln pflegte, vergaß auch in einigen seiner Werke (*Jahrmarkt der Eitelkeiten*) nicht, die Zigarre zu erwähnen.

In seinen Schilderungen über London (*Sketches and Travels in London*) schrieb er: »Aufrichtige Männer mit Pfeifen und Zigarren im Mund haben schon rein äußerlich Vorteile in der Konversation … die Zigarre harmonisiert die Gesellschaft und beruhigt zugleich den Sprecher und das Thema, über das er sich unterhält … Ich schwöre und glaube, dass die Zigarre immer eine Quelle des Trostes, ein Gefährte für mich war. Sie weckte meine Lebensgeister und half mir, Freundschaften zu besiegeln.«

Wagner, Richard

Seiner eigenen Auskunft gemäß beflügelte ihn der Rauch einiger geschenkter Zigarren bei der Komposition der *Götterdämmerung* dergestalt, dass sie ihm dieselbe Verzauberung zuteil werden ließen, die Pythia gefühlt haben musste, als sie in den Dunst des Apollo eingehüllt wurde.

Warner, Jack

Wie es sich für einen Filmproduzenten gehörte, frönte er als einer der berühmtesten Studiobosse Hollywoods, der mit seinen drei Brüdern 1923 Warner Brothers gegründet hatte, dem Genuss von Zigarren. Er liebte milde, blasse Zigarren. Einmal gewann er 100 Millionen Francs im Spielkasino von Cannes mit einer Panatela von Hoyo de Monterrey im Mund – und bewahrte die Zigarre fortan in einer silbernen Kiste auf.

Sein Zigarrenanschneider, der aus dem Besitz Lord Mountbattens an ihn übergegangen war, wurde schließlich von dem Regisseur Francis Ford Coppola erworben.

WAUGH, EVELYN

Der Schriftsteller und Lebemann war ein enthusiastischer Zigarrenraucher. Die Marke Partagas kommt in seinem Roman *Wiedersehen
mit Brideshead* zu Ehren, und auch Waughs Tagebuch
enthält viele Einträge, die sich auf das Rauchen von
Zigarren beziehen, sei es daheim in Somerset, im
White's Club in St. James oder in Restaurants wie
dem Wiltons. Oft wurde er mit der Zigarre, der
treuen Begleiterin seiner Arbeitsstunden, abgebildet.
»Auch der nutzloseste und katastrophalste Tag erscheint am Ende nicht so sinnlos, wenn man durch
den blauen Dunst einer Havanna auf ihn zurückblickt«, schrieb er einmal.

WAYNE, JOHN

Er war in Hollywood als Zigarrenraucher bekannt,
rauchte jedoch selten auf der Leinwand.

WELLES, ORSON

Rauchte Zigarren, seit seine phantastische Karriere
1941 mit dem Film *Citizen Kane* (als er 26 Jahre alt
war) ihren Anfang nahm, und er blieb der Zigarre
bis zum seinem Tode 1985 treu. Auch in einer Reihe
von Filmen wie *Im Zeichen des Bösen* raucht er Zigarren. Zino Davidoff wusste zu berichten, dass Orson
Welles eine Kiste geöffnet haben wollte, bevor er sie
kaufte. »Wenn man es ihm verweigert, murrt er
zwar, kauft die ganze Kiste aber trotzdem. Er hat niemals reklamiert«, erinnerte sich Davidoff. Welles'
Lieblingsmarke war Por Larrañaga. Passend zu seinem späteren Leibesumfang bevorzugte er große
Zigarren.

WOGAN, TERRY

Lange war der in Irland geborene Talkshowmaster
einer der Höchstverdiener (wenn nicht der Höchstverdiener überhaupt) des britischen Fernsehens. Das
gute Leben behagt ihm, weshalb der regelmäßige
Nachschub an Havannas nicht ausbleiben darf.

WOOLF, VIRGINIA

Die britische Schriftstellerin, Kritikerin, Autorin
von *Orlando* und *Die Fahrt zum Leuchtturm* sowie
Gründungsmitglied der »Bloomsbury Group« (weitere Mitglieder waren der Nationalökonom John

Por Larrañaga
Corona

Maynard Keynes, Schriftsteller wie E. M. Forster und Lytton Strachey sowie der Maler Duncan Grant), glaubte an ein freies Leben, zu dem ihrer Meinung nach auch das Zigarrenrauchen gehörte.

Zanuck, Darryl F.

Von Darryl Zanuck gibt es wenige Bilder ohne Zigarre in der Hand bzw. (natürlich öfter) im Mund. Der legendäre und rastlose Filmproduzent, der bei Filmen wie *Der Mann im grauen Flanell* und *Der längste Tag* die Fäden in der Hand hielt, war ein großer Connaisseur, der sogar vor Castros Zeiten Anteile (zusammen mit Douglas Fairbanks und dem britischen Filmproduzenten Sir Alexander Korda) an einer Plantage in der kubanischen Vuelta Abajo hielt.

Er liebte Zigarren mit dunklen Colorado-Deckblättern, die dabei einen vollen Körper hatten, wie es etwa die Corona der Marke El Rey del Mundo versprach. Zum regelmäßigen Zigarrenraucher wurde er im Jahre 1925, als er im Alter von 23 Jahren Produktionsleiter bei Warner Brothers mit einem Jahresgehalt von 250000 Dollar wurde. Er hoffte, die Zigarre würde ihn (zusammen mit einem Schnurrbart) älter aussehen lassen und mit Autorität umgeben. Für den Rest seines Lebens blieben ihm Zigarre und Schnurrbart treu. Als beste Zigarre des Tages galt ihm die erste, die er frühmorgens entfachte. Danach zündete er eine nach der anderen an, während er bis in die frühen Morgenstunden hinein Erstkopien betrachtete und über Skripts brütete. »Lieber würde ich mit einer Zigarre im Mund als mit Stiefeln an den Füßen sterben«, beschied er seinen Arzt nach einem Herzinfarkt.

El Rey del Mundo
Corona

Gute
Adressen

AUSTRALIEN

TUNNEY'S
38–40 Grote Street
Adelaide

ALEXANDER'S CIGAR DIVAN
at Crown Towers
8 Whiteman Street
Southbank
Melbourne

BENJAMIN'S FINE TOBACCO
Shop 10 Strand Central
250 Elizabeth Street
Melbourne

ALEXANDER'S CIGAR DIVAN
at Pierpoint's
Hotel Intercontinental
117 Macquarie Street
Sydney

ALFRED DUNHILL
74 Castlereagh Street
Sydney

SOL LEVY
713 George Street
Sydney

DÄNEMARK

W. O. LARSEN A/S
9 Amagertorv
DK-1160 Kopenhagen

DEUTSCHLAND

AACHEN

Pfeifen-Schneiderwind
Krämerstraße 13–15

Tabak Jurewicz
Bismarckstraße 107

BERLIN

DAS TABAKHAUS
Forum im Köpenick
Bahnhofstraße 33–38

DAVIDOFF SHOP IM KADEWE
Kaufhaus des Westens
Tauentzienstraße 21–24

HAVANNA LOUNGE CIGAR SHOP
Charlottenstraße 35/36

KIWUS ... NUR FUR RAUCHER
Kantstraße 56

PALM TOBACCO
Kurfürstendamm 214

PALM TOBACCO
Hohenzollerndamm 94

TABAC & CIGARS WOLFF
Potsdamer Platz Arkaden
Alte Potsdamer Straße 7

DUREK TABAC-SHOP
Tempelhofer Damm 152

LA CASA DEL HABANO
Fasanenstraße 9–10

MINOW'S TABAK DEPOT
Bahnhofstraße 56

TABAK & PULVER
Rheinstraße 42

ZIGARREN HERZOG
Ludwigkirchplatz 1

BREMEN

M. NIEMEYER TABAKWAREN
Dortmunder Straße 14–16

ROLAND VON BREMEN
Herdentorsteinweg 37

TABAC & PFEIFE
Lloydpassage 4

DORTMUND

TABAK DEHLER
in der Corso-Passage

ZIGARREN HENNEKE
Alfred-Trappen-Straße 10

DRESDEN

TABAKWAREN HANTZSCH
Wilsdruffer Straße 8

DÜSSELDORF

PFEIFEN-CENTER LINZBACH
Graf-Adolf-Straße 78

TABAC BENDEN
Kö-Galerie 60

T. H. KLEEN TABAKWAREN
in der Bahnhofspassage

FRANKFURT AM MAIN

TABAKHAUS BÜTTNER
Kornmarkt 9

TABAC FISCHER
Münchener Straße 22

TABAK + PFEIFE
in der Galerie Freßgasse

HAMBURG

M. NIEMEYER
Gerhofstraße 40

PFEIFEN-TESCH
Colonnaden 10

TABACALERA HANSEATICA
Große Bleichen 36

TOBACCO WORLD
Große Bleichen 1

WOLSDORFF TOBACCO
Spitaler Straße 16

KÖLN

PETER HEINRICHS
Hahnenstraße 2

TABAC-COLLEGIUM CÖLN
Richartzstraße 12

WILHELM STEFFANY
Wallrafplatz 1

LEIPZIG

TABACON SHOP KIESSLING
im Hauptbahnhof

MAGDEBURG

BOTTLE & PIPE AM RATHAUS
Hartstraße 1

MEERBUSCH BEI DÜSSELDORF

LA CASA DEL HABANO
Poststraße 70

MÜNCHEN

MAX ZECHBAUER
Residenzstraße 10

DALLMAYR TABACLADEN
Dienerstraße 15

DIEHL SMOKER'S BOUTIQUE
im Kaufinger Tor

PFEIFEN HUBER
Tal 22

TABAK SOMMER
Dachauer Straße 7

WILH. BADER
am Marienplatz

WILH. UND RICH. DIEHL
Theatinerstraße 17

STUTTGART

ALTE TABAKSTUBE
RALPH KNYRIM
Am Schillerplatz 4

DÜRNINGER CLASSIC
Karlspassage/Breuninger

PFEIFEN ARCHIV
Calwer Passage

TABACUM
Schwabstraße 120

WIESBADEN

PFEIFENHAUS ZANDER
Kirchgasse 54

FINNLAND

HAVANN-AITTA
Alexsanterinkatu 44
Helsinki

FRANKREICH

LA REGENCE
10 Cour du 30 Juillet
Bordeaux

LE KHEDIVE
71 Rue de la Republique
Lyon

BOUTIQUE 22
22 Avenue Victor-Hugo
Paris

LA CIVETTE
157 Rue Saint-Honoré
Paris

LA TABAGIE
10 Rue du Départ
Paris

LES QUATRE-TEMPS
Centre Commercial des
Quartre-Temps
La Defense
Paris

GROSSBRITANNIEN

LONDON

ALFRED DUNHILL OF LONDON
48 Jermyn Street SW1Y 6DL

ALFRED DUNHILL OF LONDON
5 Royal Exchange
Cornhill EC3V 3LL

BENSON & HEDGES
13 Old Bond Street W1X 4QP

BURLINGTON BERTIE
57 Houndsditch
EC3A 8AA

DAVIDOFF OF LONDON
35 St James's Street
SW1A 1HD

HARRODS CIGAR ROOM
Knightsbridge SW1X 7XL

HAVANA CLUB
165 Sloane Street
SW1X 9QB

JAMES J. FOX & ROBERT LEWIS
19 St James's Street
SW1A 1ES

SAUTTER OF MAYFAIR
106 Mount Street
Mayfair W1Y 5HE

THE SEGAR & SNUFF PARLOUR
27a The Market
Covent Garden WC2E 8RD

SELFRIDGES CIGAR DEPARTMENT
400 Oxford Street W1A 1AB

SHERVINGTONS
337 High Holborn WC1V 7PX

TOMTOM
63 Elizabeth Street
Belgravia SW1 W9PP

WALTER THURGOOD
161–162 Salisbury House
London Wall EC2M 5QD

WARDS OF GRESHAM STREET
60 Gresham Street
EC2V 7BB

AUSSERHALB LONDONS

FREDERICK TRANTER
5 Church Street
Abbey Green
Bath BA1 1NL

HARRISON & SIMMONDS OF
BEDFORD
80 High Street
Bedford MK40 1NN

HOUSE OF MACKAY
6 Church Lane
Belfast
Northern Ireland

JOHN HOLLINGSWORTH & SON
5 Temple Row
Birmingham B2 5LG

TAYLORS
19 Bond Street
Brighton BN1 1RD

LEWIS DARBEY & CO
12/14 Wyndham Arcade
Cardiff CF10 1FJ

TOBACCO WORLD
(Cheltenham)
Unit F7 Regent Arcade
Cheltenham GL50 IJZ

CIGAR BOX
361 High Street
The Royal Mile
Edinburgh EH1 1PW

HERBERT LOVE
31 Queensferry Street
Edinburgh EH2 4QU

THE PIPE SHOP & LITTLE
HAVANA CIGAR STORE
92 & 76 Leith Walk
Edinburgh EH6 5HB

HERBERT LOVE
9 St Vincent Place
Glasgow G1 2DW

GREENS OF LEEDS
37 The Headrow
Leeds LS1 6PU

C. ASTON
Royal Exchange Shopping
Centre
Exchange Street
Manchester M2 7DB

GAUNTLEYS OF NOTTINGHAM
4 High Street
Nottingham NG1 2ET

M. SHAVE
4/5 Harris Arcade
Reading RG1 1DN

HONGKONG

THE COHIBA CIGAR DIVAN
The Mandarin Oriental Hotel

DAVIDOFF SHOP
Regent Hotel
Shop R106
Salisbury Road
Kowloon

SOGO DEPARTMENT STORE
555 Hennessey Road
Causeway Bay

IRLAND

JJ FOX
119 Grafton Street
Dublin 2

ITALIEN

ACHILLE SAVINELLI SRL
Via Dogana 3
Mailand

SINCATO
34 Via de la Colonna Antonina
Rom

KANADA

MACDONALD TOBACCO &
GIFTS
1903 Barrington Street
Barrington Place
Halifax B3J 3L7

DAVIDOFF
1452 rue Sherbrooke W.
Montreal H3G 1K4

GROUCHO & COMPANY
150 Bloor St. W
Toronto M5S 2X9

HAVANA HOUSE
87 Avenue Road
Toronto M5R 3R9

TOBACCO HAVEN
595 Bay St.
Toronto M5C 2C2

VANCOUVER CIGAR COMPANY
1938 W. Broadway
Vancouver VJ6 1Z2

NIEDERLANDE

DAVIDOFF SHOP
Van Baerlestraat 84
Amsterdam

HAJENIUS
92–96 Rokin
Amsterdam

NORWEGEN

SOL CIGAR CO
Drammensun 8
Oslo

ÖSTERREICH

CHRISTIAN KOZLIK
C.A.C. St-Veit-Gasse 22
Wien

SCHWEDEN

BROBERGS TOBAKSHANDEL AB
Sturegallerian 39
Stockholm

SCHWEIZ

BASEL

INTERTABAK, HAVANA-HAUS
Aeschenvorstadt 48

OETTINGER CIGARES
Centralbahnplatz 9

BERN

CIGARREN FLURY
Bahnhofplatz 3

CIGARREN FRIEDRICH
Theaterplatz 2

A. DÜRR & CO.
Spitalgasse 37

GENF

ALFRED DUNHILL
100, rue du Rhone

DAVIDOFF & CIE
2, rue de Rive

GÉRARD PÈRE ET FILS
Hotel Noga Hilton
19, Quai du Mont-Blanc

TABAC RHEIN
1, rue du Mont-Blanc

COMPTOIR DES TABACS DU
RHÔNE
59, rue du Rhone

LAUSANNE

CIGARES BESSON
22, rue de Bourg

TABACS MAILLEFER
5, Grand-Chêne

MONTREUX

TABACSHOP
46, Grand Rue

ST. MORITZ

HAVANNA-HAUS MONOPOL
Via Maistra 17

PAUL BUDER
Via Rosatsch 9

ZÜRICH

A. DÜRR & CO.
Paradeplatz 3

CIGARES URSULA BENDER
Edisonstraße 5

NAEGELI ZUM TABAKFASS
Bellevue, Theaterstraße 14

SCHWARZENBACH P. & CO.
Hauptbahnhof

TABAC VIETORIT
Löwenstraße 68

E. ROTH
Poststraße 12

LA CASA DEL HABANO
Bleicherweg 18

TABACUM
Bahnhofstraße 22

TABAKLÄDELI WAGNER
Storchengasse 19

SPANIEN

GIMENO
101 Paseo de Gracia
Barcelona

GONSALES DE LINARES
Paseo Habana no 26
Madrid

SANTIAGO
Calle Alcala no 18
Madrid

VEREINIGTE STAATEN

BOSTON

ALFRED DUNHILL
69 Newbury Street

CIGAR LANDING
Faneuil Hall Market

HANOVER SMOKE SHOP
352 Hanover Street

HOUSE OF CIGARS
262 Meridien Street

THE HUMIDOR
800 Boylston Street

CHICAGO

AROUND THE WORLD TOBACCO
1044 West Belmont

BLUE HAVANA
856 West Belmont

CHICAGO CIGAR COMPANY
3843 N. Lincoln

THE CIGAR SHOP AT NEIMAN-MARCUS
737 N. Michigan Avenue

GOODFELLAS CIGAR SHOP
5539 W. Montrose

HABANA HOUSE OF FINE CIGARS
5510 W. Devon

IWAN RIES
19 S. Wabash

JACK SCHWARTZ
175 W. Jackson

RUBOVITS CIGARS
320 S. LaSalle

KALIFORNIEN

ALFRED DUNHILL
250 Post Road
San Francisco

ALFRED DUNHILL
201 B North Rodeo Drive
Beverly Hills

THE BEVERLY HILLS PIPE & TOBACCO CO.
218 North Beverly Drive
Beverly Hills

THE BIG EASY
12604 Ventura Boulevard
Studio City

CALIFORNIA TOBACCO CENTER
1501 Polk Avenue
San Francisco

CHURCHILL'S FINE CIGARS
107 W. Broadway
Long Beach

CENTURY CITY TOBACCO
10250 Santa Monica Boulevard
Los Angeles

DAVIDOFF OF GENEVA
232 North Rodeo Drive
Beverly Hills

GRANT'S
562 Market Street
San Francisco

GUS'S SMOKE SHOP
13420 Ventura Boulevard
Sherman Oaks

THE HUMIDOR
2201 Union Street
San Francisco

NOB HILL CIGAR
699 Sutter Street
San Francisco

MIAMI

CARIBBEAN CIGAR FACTORY
6265 SW 8th St.

EL CREDITO
1106 SW 8th St.

HAVANA HUMIDOR
7322 Red Road South

NICK'S CIGAR COMPANY
7167 W. Flagler

WORLD CIGARS
744 SW 8th Street

NEW YORK

ALFRED DUNHILL
450 Park Ave.

ANGELO AND MAXIES
233 Park Ave. South

ARNOLD'S
323 Madison Ave.

BARCLAY REX
60 E 42nd St.

BARCLAY REX
570 Lexington Ave.

DAVIDOFF OF GENEVA
535 Madison Ave.

EASTSIDE CIGARS
969 Third Ave.

FAMOUS SMOKE SHOP
55W 39th St.

H. R. SCOTT
64 Exchange Pl.

HOME OF TABACCO PRODUCTS
133 8th Ave.

J R TOBACCO
11 E 45th St.

J R TABACCO
219 Broadway

MOM'S CIGARS
172 5th Ave.

NAT SHERMAN
500 5th Ave.

TINDER BOX
500 Lexington Ave

PHILADELPHIA

BLACK CAT CIGAR COMPANY
1518 Sansom Street

CITY CIGAR
2417 S 11th St.

HOLT'S CIGAR
12270 Townsend Ave.

PHILADELPHIA CIGAR CO.
2506 Welsh Road

TEXAS

ALFRED DUNHILL
The Galleria
5085 Westheimer Rd.
Houston

CIGARZ CONNECTION
3611 A Greenville Avenue
Dallas

CIGARS, PIPES & MORE
14520 Memorial Drive
Houston

LONE STAR CIGARS
13305 Montfort Drive
Dallas

RICHMOND AVE. CIGARS
3301 Fondren Road
Houston

STOGIES
6100 Westheimer Suite 102
Houston

TOWN AND COUNTRY CIGARS
8204 Northeast Pkwy Ste. 100
Fort Worth

WASHINGTON D. C.

GEORGETOWN TOBACCO
3144 M St. NW

GRAND HAVANA ROOM
1220 19th St. NW

JR TOBACCO
1667 K St. NW

SIGNATURE CIGARS INC.
1817 M St.

W. CURTIS DRAPER TOBACCO
640 14th St. NW

Zigarrenländer in Zentralamerika und in der Karibik

ATLANTISCHER OZEAN

PAZIFISCHER OZEAN

KARIBISCHES MEER

USA

MEXIKO
SIERRA MADRE ORIENTAL
SIERRA MADRE OCCIDENTAL
MEXIKO-STADT

Wendekreis des Krebses

BAHAMAS

KUBA
HAVANNA

CAYMAN ISLANDS

JAMAIKA
KINGSTON

HAITI

DOMINI-KANISCHE REPUBLIK
SANTO DOMINGO

VIRGIN ISLANDS
PUERTO RICO
ANTIGUA & BARBUDA
MONTSERRAT
GUADELOUPE
DOMINICA
MARTINIQUE
ST. LUCIA
BARBADOS
ST. VINCENT & GRENADINE ISLANDS
GRENADA
TRINIDAD & TOBAGO
NIEDERLÄNDISCHE ANTILLEN

BELIZE
GUATEMALA
EL SALVADOR
HONDURAS
TEGUCIGALPA
NICARAGUA
MANAGUA
COSTA RICA
SAN JOSÉ
PANAMA

ZIGARRENLÄNDER DER WELT

USA

NIEDERLANDE

GROSS-
BRITANNIEN

DEUTSCHLAND

SCHWEIZ

ITALIEN

SPANIEN

FRANKREICH

KAMERUN

BRASILIEN

PHILIPPINEN

INDONESIEN